Jürgen Malitz

尼禄

NERO

〔德〕于尔根·马利茨 / 著

王洁辰 / 译

社会科学文献出版社
SOCIAL SCIENCES ACADEMIC PRESS (CHINA)

Contents /

第一章 奥古斯都的玄外孙

公元 37 年 12 月 15 日，尼禄，这位日后的罗马皇帝诞生了。在九天后的庆典上，他有了名字。参加庆典的不仅有他的父母，还有当时的皇帝（Princeps）[①] 盖伊乌斯·卡里古拉（Gaius Caligula）。尼禄的父亲多米提乌斯·阿赫诺巴尔布

[①] Princeps，在拉丁语里的原始含义是"第一公民"，源自罗马共和国时期授予元老的荣誉职衔"首席元老"（princeps senatus），从奥古斯都在公元前 27 年首次自称 Princeps 开始，Princeps 便成为罗马皇帝的代称。自公元 3 世纪末戴克里先（Diocletian）统治开始，罗马皇帝不再使用 Princeps 这个代称，而是改用 dominus（拉丁语中"主人"之意）的称呼。史学家通常将罗马帝国早期的屋大维至戴克里先时期的政体称为"元首制"（Prinzipat，拉丁语为 principatus），而戴克里先改制之后的政体则被称为"君主制"（Dominat，拉丁语为 dominatus）。（如无特别说明，本书脚注均为译者注。）

斯（Domitius Ahenobarbus）的健康状况已明显不如年轻之时。孩子的母亲阿格里皮娜（Agrippina）恳请自己的哥哥卡里古拉无论如何给孩子起个名字，而这个男孩的出生却让卡里古拉多少有些不悦，毕竟男孩身上有王朝建立者——神圣的奥古斯都的血脉，卡里古拉担心国都中将因此流言四起。卡里古拉常爱取笑别人，有时显得很恶毒。他指向自己的叔父克劳狄乌斯（Claudius）——这位和他同在宫中生活而无法回避的古怪亲戚说道：就叫他的名字吧！人人都明白皇帝的意思——这孩子可以叫克劳狄乌斯的个人名① "提贝里乌斯"或者他的

---

① 古罗马男性取名习俗，男性名字通常由三部分组成，以尼禄父亲的名字格奈乌斯·多米提乌斯·阿赫诺巴尔布斯（Gnaeus Domitius Ahenobarbus）为例，格奈乌斯是父母选择的个人名（praenomen），多米提乌斯是父系的氏族名（nomen），阿赫诺巴尔布斯是家族名（cognomen）。家族名往往源自某一家中男性祖辈的特征，比如 Ahenobarbus 便有"青铜色胡须"之意，此类绰号后来由父传子，代代相传，最终变成了一个家族区别于庞大氏族的标志。后来在家族名之后，有时还会出现附加名（agnomen），比如下文中出现的日耳曼尼库斯（Germanicus）是国家为表彰他征服日耳曼的功绩而授予他的称号。除了荣誉称号，附加名还有更普遍的来源，比如绰号就可以用作附加名，文中作为附加名的尼禄（Nero）在拉丁语里有"骁勇、健壮"的意思。附加名承担了在同一家族内区别不同人名的功能。

附加名"尼禄":皇帝想以此明示,他这年幼的外甥和他那年迈的叔父一样,成为他的继任者的机会渺茫。

然而皇帝的玩笑话并没有被他的妹妹听进去。依照父亲家族取名的传统①,阿格里皮娜的儿子取名为路奇乌斯·多米提乌斯·阿赫诺巴尔布斯(Lucius Domitius Ahenobarbus)。他日后被克劳狄乌斯过继为子,并成为他的继任者。

阿格里皮娜当时只有 21 岁或 22 岁,是皇室家族中受人爱戴的尼禄·克劳狄乌斯·德鲁苏斯·日耳曼尼库斯(Nero Claudius Drusus Germanicus)的女儿。公元 19 年,日耳曼尼库斯在帝国东部执行一次外交任务时意外去世,时年 34 岁。罗马贵族间的联姻皆出自精心安排:公元 28 年,尼禄的父亲格奈乌斯·多米提乌斯·阿赫诺巴尔布斯(Gnaeus Domitius Ahenobarbus)奉皇帝提贝里乌斯(Tiberius)之命与 13 岁的阿格里皮娜成婚。他是奥古斯都

① 尼禄父亲一族,多米提乌斯·阿赫诺巴尔布斯家族的男性个人名只用格奈乌斯(Gnaeus)和路奇乌斯(Lucius)两个名字。有时家族中连续三代成员都叫同一名字,有时交替使用两个名字。

大帝的姐姐的后裔，也就是奥古斯都的侄外孙，因此是奥古斯都的曾外孙女阿格里皮娜非常合适的伴侣人选。多米提乌斯一族（Domitier）历来是奥古斯都王朝的拥护者：新郎的祖父在内战中及时倒向了胜利者一边；新郎的父亲则是日耳曼尼亚（Germanien）战争前线英勇忠诚的指挥官，并且被指定为奥古斯都的遗嘱执行人之一。因此，格奈乌斯·多米提乌斯·阿赫诺巴尔布斯与阿格里皮娜的联姻几乎可被看作对其家族效忠于统治者家族的回报。公元32年，提贝里乌斯又让他当选为罗马执政官（Konsul）。

事实上，对于任何贵族来说，阿格里皮娜都是极佳的联姻对象。作为日耳曼尼库斯和大阿格里皮娜（Agrippina d. Ältere）的女儿，她算是统治者内部家族的一员。她的父亲，尼禄·克劳狄乌斯·德鲁苏斯，是屋大维娅（Octavia）的外孙，也即罗马帝国开国君主的侄外孙。他的附加名日耳曼尼库斯，不仅是从其父亲德鲁苏斯（Drusus d. Ältere）——奥古斯都那受人拥戴的继子——那儿继承来的，而且是他在日耳曼尼亚战场上为自己赢来的。毋庸置疑，他有魅力，有教养，热爱希腊文化。由于英年早逝又死因神秘，他在公众记忆中的形象进一步得到了美化。阿格里皮娜的母亲也叫阿格里皮娜——这在罗马贵族家庭里是一个非常时髦的、精挑细选出来的女性名字。尼禄是奥古斯都独生女尤莉娅（Julia）的曾外孙。尤莉娅嫁给了玛尔库斯·维普萨尼乌斯·阿格里帕（Marcus Vipsanius Agrippa），后者虽只是骑士阶层出身，却一直是奥古斯都多年来最重要的心腹。因此，卡里古拉的恶毒玩笑是可以理解的，毕竟在继承权的问题上，不得不把阿格里皮娜的儿子纳入考量范畴，而不管他的个人才能如何。

古代批评家在尼禄的父母身上已然看到了一些他日后人生轨迹的端倪。阿格里皮娜生尼禄的时候，结婚快十年了。她的权力意识想必在那个时候就已异常强烈，因为她在成长的过程中坚信，是提贝里乌斯毒死了她的父亲，从而夺去了本应属于她父亲的帝位。她的母亲、日耳曼尼库斯的遗孀，以及她的两个哥哥，也一并沦为提贝里乌斯时期皇家禁卫军长官（Prätorianerpräfekt）塞雅努斯（Seianus）阴谋的牺牲品。她的另一个哥哥卡里古拉则是在提贝里乌斯的干预下才逃过一劫，避免了同样的命运。

传记作家苏维托尼乌斯（Suetonius）也指出，尼禄的一些招人厌恶的品性继承自他的父系祖先：据说，他的祖父嗜好残忍的角斗士比赛（Gladiatorenspiel），以至于受到奥古斯都的斥责；他的父亲性情暴躁、残酷无情——正如苏维托尼乌斯指出的那样，尼禄的祖父和父亲两个人，都有着与自己的身份地位极不相称的热爱战车比赛和戏剧表演的嗜好。

关于阿格里皮娜生下尼禄之前的人生，除了公元 28 年的这桩婚事，我们几乎一无所知。撇去她父母的命运不说，她的丈夫多米提乌斯尽管坐拥可观的家族财富，但在政治上表现平平，这恐怕并不符合她当初的期望。在提贝里乌斯统治末期，多米提乌斯卷入了一场政治风波，要不是提贝里乌斯于公元 37 年去世，他差点人头不保。历此一劫后，多米提乌斯便不复见于史籍记载，直到他于公元 40 年去世。倘若他关于自己儿子降生的言论不是真实的记载，那么这话也虚构得很合理：阿格里皮娜与他的孩子只会给这个国家带来厄运。

在哥哥卡里古拉在位的头两年里，阿格里皮娜和她的两个妹妹德鲁西拉（Drusilla）、尤莉娅·莉维拉（Julia Livilla）一同扮演着与她们相称的宫廷贵妇的角色。三姊妹被赐予与维斯塔贞女（vestalische Jungfrau）① 同等的特权；士兵和高级政务官（Magistrate）对皇帝的誓言中，也加入了敬祝皇帝姊妹们幸福安康的话。

① 维斯塔贞女（拉丁语为 virgo vestalis）是侍奉女神维斯塔（Vesta）的罗马女祭司。维斯塔贞女祭祀团由六名女祭司组成，由最高维斯塔贞女（virgo vestalis maxima）领导，同时受到最高祭司（pontifex maximus）的监管。维斯塔女神被古罗马人看成家庭和社稷的保卫者，维斯塔贞女们最主要的职责就是守护维斯塔神庙的圣火永不熄灭，她们守护的火种象征着国家的存续和兴盛。正因为有着如此重要的宗教和政治意义，维斯塔贞女才受到人们的尊敬，而且在许多方面，她们享有与罗马男性相当的社会地位和权利，还拥有许多特权，包括下文第三章中所提到的，维斯塔贞女可以在公共场合配备棍束侍从（Lictor）等。但在侍奉期间，维斯塔贞女们必须保有处子之身。一旦失去贞操即意味着触犯了神灵，便不再具有守护灶神的资格，同时也使罗马人违背了保护神灵的誓言，这时她们会受到严厉的惩罚。

　　大概在多米提乌斯死前一年，阿格里皮娜在国都的生活就以一场丑闻告终。卡里古拉最疼爱的妹妹德鲁西拉的死伤透了他的心，两个还活着的妹妹阿格里皮娜和尤莉娅·莉维拉可能没有充分预计到哥哥的敏感猜忌之心。没过多久，他就怀疑到自己的妹夫玛尔库斯·埃米利乌斯·列比杜斯（Marcus Aemilius Lepidus）的头上了。同他一样，这妹夫也算是奥古斯都留下的一支余脉，卡里古拉预感他将成为一个危险的竞争对手。不久，阿格里皮娜便被指控与自己的妹夫通奸，并被勒令将她被处死的情人的骨灰从被捕地点带回罗马。为了避免节外生枝，卡里古拉又把他的两个妹妹流放到地中海的一个荒岛上。阿格里皮娜涉嫌淫乱不伦，这在当时是非常盛行的罪名，而这些指控的真实性现已无从查证，但也绝不能排除这种可能：早在多米提乌斯死前，阿格里皮娜就想尽一切办法，为她的儿子，也间接为自己获取权力铺路，她可能有过打算让情人列比杜斯成为尼禄的监护人。

　　尼禄在 4 岁时被卡里古拉骗走了遗产，又被扔给他的姑母多米提娅·列庇妲（Domitia Lepida）抚养。这位非常有钱的姑母却出了名的吝啬，尼禄应该是在十分寒酸的物质条件下长大的。只要卡里古拉还活着，这位奥古斯都的玄外孙就没有机会获得与其身份相称的地位。

第二章　帝位继承人

尼禄还没有和他那刻薄的姑母在一起生活多久，卡里古拉就在公元 41 年 1 月 24 日被谋杀了。皇家禁卫军（Prätorianer）没给元老院过多时间讨论，便宣布由克劳狄乌斯即位。当时众人都很惊讶，但克劳狄乌斯一直是朝中一员，并且在郁郁不得志多年之后竟又显得踌躇满志。禁卫军断定，只有他才能满足他们作为皇家护卫的所有物质要求，光凭这点就足以拥他即位。元老院也只好顺从。

阿格里皮娜获允归来，拿回了自己的财产，并得以和儿子团聚。她立即开始物色新的丈夫来扩大自己的势力范围。审慎的伽尔巴

（Galba），也是公元68年尼禄的继任者，避开了阿格里皮娜抛来的橄榄枝。有钱有势的盖伊乌斯·萨路斯提乌斯·帕西埃努斯·克里斯普斯（Gaius Sallustius Passienus Crispus）做了她的丈夫没几年，即于公元47年去世。阿格里皮娜和儿子从他的遗产中得到不少好处。也许不难想象，不是所有人都相信她的丈夫是自然死亡。

　　阿格里皮娜处心积虑地向新皇帝——她的叔父、日耳曼尼库斯的兄弟——示好。早些年，她就试图让她的儿子在公开场合给人留下深刻印象。在公元47年克劳狄乌斯组织的百年庆典（Säkularfeier）①上，尼禄精心准备，在

————————

①　百年庆典是一种标志着旧时代结束和新时代开始的节日。依据后来的传统及史料推算，在公元前249年和公元前146年分别举办过第一次和第二次百年庆典，但这种习俗实际上从奥古斯都在公元前17年举办了前所未有的百年竞技会（Säkularspiel，拉丁语为 ludi saeculares）才有确切的史料记载。奥古斯都为给自己举办盛大的庆祝活动寻找机会，以罗马城建于公元前753年的传说为出发点，并以110年为纪念周期。克劳狄乌斯在公元47年修正了奥古斯都的计算方式，将 saeculum 等同于100年，即以100年为纪念周期，举办了罗马建城800年来的第八个百年庆典。尽管该庆典译作"百年庆典"，然而 saeculum 作为一个时间长度，大约等于一个人的潜在寿命，或（转下页注）

贵族子弟的特洛伊游艺会（Troiaspiel）[1]中精彩亮相。这个奥古斯都的玄外孙由此获得了雷鸣般的欢呼声，比小他3岁的皇子不列塔尼库斯（Britannicus）更受欢迎。克劳狄乌斯对于这类登场并不重视，即便这已经给他的儿子带来了不小的压力。克劳狄乌斯的妻子、不列塔尼库斯的母亲瓦蕾莉娅·梅萨莉娜（Valeria Messalina）的反应则完全不同。她清楚地意识到，阿格里皮娜将来会成为不列塔尼库斯的一大威胁。

仅仅一年后，梅萨莉娜就被克劳狄乌斯下令处死。古代文献记载，梅萨莉娜与所谓罗马最美的男子盖伊乌斯·西利乌斯（Gaius Silius）

（接上页注①）者一代人完全更新换代的时间周期，通常没有固定的时间。这个词最早由伊特鲁里亚人使用，最初的意思是指从某个事件发生的那一刻起（比如城市的建立）直到所有在那一刻活下来的人都死了为止的这段时间。在那一刻，一段新的 saeculum 将开始。罗马进入的新千年被称为"新世纪"（saeculum novum），这个词在基督教中得到了一个形而上的意涵，指的是相对于基督教的、世俗意义上的世间的纪年，后来发展成现代英语里"世俗的"（secular）一词。

① 特洛伊游艺会（拉丁语为 ludus troiae 或 lusus troiae）是罗马贵族青年展示自己骑术的游艺会，其起源可见于维吉尔的《埃涅阿斯纪》。

举办了一场不成体统的婚礼，皇帝忍无可忍，不得不采取行动。尽管梅萨莉娜被认为是欲求不满，但这场"疯狂的恋爱"也可能只是政治计谋的一部分，旨在提前结束极具争议的克劳狄乌斯的统治；而盖伊乌斯·西利乌斯届时将成为不列塔尼库斯的监护人。忠心耿耿的顾问们好不容易说服了克劳狄乌斯，以叛逆罪将梅萨莉娜处死。

这位丧偶的皇帝对婚姻生活的偏爱在国都是出了名的，尽管与宫中比较单纯的女眷们打交道也让他乐此不疲，但他立刻成了贵族家庭政治中任人摆布的玩偶。阿格里皮娜在位高权重的被释奴（Freigelassene）①帕拉斯（Pallas）的帮助下，战胜了所有竞争对手，说服了克劳狄乌斯娶她为妻。当然，这并不是顺理成章的事情，因为叔父和侄女的近亲关系被认为是婚姻的阻碍。为了废除这一传统规定，元老院通过了一项专门为此安排的决议。然而，年

---

① 被释奴是古代罗马社会中通过合法方式解除奴役关系并获得自由的人。在罗马帝国时代早期，皇帝身边的被释奴参与重要的政治事务，曾权倾一时。

近 60 岁的克劳狄乌斯与阿格里皮娜结婚，不仅是因为他这位侄女本身魅力四射，还因为把野心勃勃的阿格里皮娜掌控在手中，对他自己也有好处。所以，没有别的男人能成为尼禄的继父。

凭借公元 49 年初的这场婚礼，阿格里皮娜爬上了高位，若在一年前，是没有规规矩矩的占卜官（Augur）或占星家敢预言她能获得如此地位的。阿格里皮娜为确立自己在宫廷中的地位耗费了巨大的精力，她从一开始就肆无忌惮地为尼禄的未来明争暗斗。尼禄的地位很早就通过与克劳狄乌斯的女儿、年仅 10 岁的屋大维娅缔结婚约而得到巩固和提升。当时，屋大维娅已被许配给了路奇乌斯·尤尼乌斯·西拉努斯（Lucius Iunius Silanus）。西拉努斯也是奥古斯都的玄外孙，因此同样具备成为帝位继承人的基本条件。阿格里皮娜为她的阴险计谋赢得了路奇乌斯·维提里乌斯（Lucius Vitellius）的帮助，维提里乌斯是皇帝最亲信的谋臣之一。年轻的西拉努斯被指控与妹妹乱伦，并被开除出元老院，随即

图 1　儿童尼禄雕像，巴黎，卢浮宫。他脖颈上佩戴的气泡状护身符匣子（Bulla）表明，他还未成年

自尽于阿格里皮娜的婚礼当日。他的自杀当然不是出于认罪，而只是为了挽救家族财产不被没收而付出的最后的努力。如果他被正

式判处有罪的话，财产没收将不可避免。阿格里皮娜到底打的什么算盘，众多元老心里一清二楚。他们顺水推舟，达成了一项决议，要求克劳狄乌斯把女儿许配给年幼的路奇乌斯·多米提乌斯·阿赫诺巴尔布斯——也就是尼禄。

阿格里皮娜的儿子能从中得到什么好处，罗马城内的百姓并非不明白，而那些直接受雇于阿格里皮娜的人，对她的目的更是一清二楚。她并不局限于在元老院和皇家禁卫军中赢得可靠的追随者。在尼禄的教育方面，她更是高瞻远瞩：没有按照贵族家庭的惯例，随便找来一位有名望的老师了事（当时的老师多出身于奴隶阶层），而是把当时13岁的尼禄托付给了国都中声名最为显赫的智者之一，他同时也是元老院的成员。

阿格里皮娜在公元49年任命路奇乌斯·阿奈乌斯·塞内卡（Lucius Annaeus Seneca）为年轻皇子的"侍讲"。相比之下，两位来自希腊的家庭教师显得无足轻重。塞内卡对阿格里皮娜的知遇之恩心怀感激（关于这一点，他非常谨慎，从未以口头或书面形式表达过），而对克劳狄乌斯则只有本能的反感。这位志向高远的哲学家和文艺爱好者出身于西班牙的骑士家庭。在公元41年卡里古拉统治时期，他在一场宫廷阴谋中沦为牺牲品。这位饱受哮喘之苦的学究据说被指称为尤莉娅·莉维拉的情人，险些被处死。此后他不得不在科西嘉岛（Korsika）忍受着单调的生活，这里完全没有国都那种激动人心的精神生活。所有的赦免请求，即使是以彻底的自我否定为代价，也以失败告终。最终，还是阿格里皮娜出面，说服了克劳狄乌斯赦免塞内卡，还准予他回到罗马担任裁判官（Prätur）。同时，阿格里皮娜还委任他培育皇子。他当然清楚阿格里皮娜对自己的期望：少教些哲学——这些自然会有希腊老师负责，要把精力更多地放在如何培养尼禄成为一名娴熟的演说家和修辞学家上，待时机成熟时，将其培养为帝位继承人。

即便在儿子的教育问题上做了如此周密的安排，阿格里皮娜依然觉得不够。公元50年2月25日，她下了非常关键的一步棋，劝说克劳狄乌斯过继尼禄。这位统治者毕竟有一个合法、健康的儿子，也许是效仿奥古斯都晚年过继的举动让他觉得自己很有面子。从现在起，尼禄的全名叫作提贝里乌斯·克劳狄乌斯·尼禄·恺撒，或者尼禄·克劳狄乌斯·恺撒·德鲁苏斯·日耳曼尼库斯。他比克劳狄乌斯的亲生儿子不列塔尼库斯大 3 岁。克劳狄乌斯完全迎合了阿格里皮娜的要求，这当然让政治观察者感到惊讶：若参照奥古斯都过继提贝里乌斯以为传位做准备的先例，尼禄获此殊荣，即暗示了他很有可能成为帝位继承人，而非克劳狄乌斯的亲生儿子。

随着尼禄的过继和地位的提升，阿格里皮娜也开始进入公众视野。元老院决议授予阿格里皮娜"奥古斯塔"（Augusta）这一荣誉称谓——这项殊荣是奥古斯都的妻子莉维娅（Livia）在死后才正式获得的。阿格里皮娜的肖像几乎耸人听闻地出现在了铸币上君王像的背面。这标志着，克劳狄乌斯的这位新妻子在相当短的时间内就在宫中产生了极大的影响力。

公元 51 年，年仅 13 岁的尼禄就早于惯例，

图 2　阿格里皮娜像，梵蒂冈博物馆，基亚拉蒙蒂画廊

提前一年穿上了标志着成年的成人托袈袍（toga
virilis）①。他所获得的荣誉和头衔越来越多：被

---

①　托袈袍是罗马人身份的象征，只有拥有公民权的罗马
　　男人才有资格穿托袈袍，奴隶和外来者是不允许穿
　　托袈袍的，不同类型、不同装饰的托袈袍代表不同
　　的社会地位和级别。比如，最常见的是罗马普通公
　　民身着的白色"成人托袈袍"；"镶边托袈袍"（toga
　　praetexta）是在白色的托袈袍边缘加上紫色的镶边，所
　　有高级政务官、某些特定的祭司以及自由民出身的未
　　成年男孩可以身着这种托袈袍。

授予"第一青年"（princeps iuventutis）①的荣誉称号；加入庞大的祭司团（Priesterkollegien）；被指定到公元57年，以19岁的年纪破格担任罗马执政官，甚至得到了帝国所有行省的统治权（prokonsularische Gewalt，拉丁语为 imperium proconsulare）——这被视作帝位继承人的明确标志。国都内外的民众不难从那些年的铸币中看出：在克劳狄乌斯眼里，比起他的亲生儿子，尼禄才是自己的接班人。

在被任命为罗马皇帝之前的漫长岁月里，克劳狄乌斯一直以研习历史打发时间，显然他并未意识到自己对尼禄的偏爱多过亲生

① Princeps 的含义是"第一公民"，iuventutis 是"青年"之意，那么 princeps iuventutis 就是"第一青年"的意思。这种说法最早出现在罗马共和国晚期，但是，只有在奥古斯都建立元首制、进入罗马帝国时期之后，才开始用作一个固定的专属头衔。塔西陀《编年史》第1卷第3章记载，奥古斯都曾最早将这一头衔授予他的孙子盖伊乌斯（Gaius）和路奇乌斯·恺撒（Lucius Caesar）。授予这一荣誉头衔的习俗从此被保留下来，与授予帝国行省的统治权（imperium proconsulare）一样，在罗马帝国早期被用来表明皇帝选定的继承人。（本书译者注中对塔西陀《编年史》的直接引用均出自商务印书馆1981年4月第1版，不作改动，个别人名翻译与本书及其他译著中的译法不同，也一并保留，后不再说明。）

儿子会产生什么样的后果。尼禄在公元51年一成年就被用来大做文章：在一场环形竞技赛会（Circusspiel）[①]上，尼禄身着凯旋长袍（Triumphalgewand）亮相，而一旁的不列塔尼库斯还穿着未成年男孩的托袈袍——相比之下，不列塔尼库斯不光是在年龄上位列第二，其位居其次的政治地位也被凸显出来。

尼禄的成年让他从此能够进入元老院发表演说，展示他师从塞内卡的成果。在收获了最初的一系列荣誉和头衔之后，14岁的尼禄立即发表了感言——当然是在塞内卡的指导之下。一年之后，他又在元老院前立下誓言，要在皇

---

① 环形竞技赛会（拉丁语为 ludi circenses）是古罗马常见的也是最早的庆典性公共赛会（ludi publici）之一，主要由马车比赛和斗兽表演组成。ludi 是竞技赛会、节日庆典的意思，罗马人的庆典性公共赛会（ludi publici），兼具"庆典"和"赛会"的双重特性，既带有宗教特征，是祭献神明的官方节日庆典，又是一种竞技赛会，主要包括体育竞技和戏剧演出，往往持续多日。公共庆典赛会是罗马人民生活中最重要的公共娱乐活动之一，作者也在下文中（第六章）展开论述，表明这是统治者博取人民欢心的一种重要手段。环形竞技赛会名称中的 circenses 特指赛会场地的造型——拉长的环形竞技场，这种造型的竞技场最早见于希腊人用于赛马和马车比赛的竞技场（Hippodrom），在罗马被称为 Circus。

帝康复后筹办竞技赛会（Festspiel），以此表示自己的孝心。

公元53年，尼禄与不幸的屋大维娅完婚，而且是时候在元老院发表一篇水准更高的演说了。他演讲的内容涉及古代历史，深入阐述了特洛伊（Troia）与罗马之间的关系——特洛伊是埃涅阿斯（Aeneas）的故乡，而罗马则是由埃涅阿斯的后人建立的。最后，元老院按照事先商定的，通过了他关于减免所有税收的提案。尼禄不止一次以这种扶弱济贫的形象示人：为火灾后的博诺尼亚市（Bononia，今天的博洛尼亚）提供经济援助；提议恢复罗得岛（Rhodos）民众的自由；叙利亚的阿帕梅亚（Apameia）因地震而满目疮痍，由于皇子的动议得以延期五年缴纳税款。通过这样的演说，尼禄不仅能展现自己在塞内卡的指导下有所提升的演讲才能，还能在那些他慷慨施恩的城市赢取民心。

即使可以操纵罗马的民众，让他们为尼禄欢呼喝彩，也只是代表了一部分公众舆论。在宫中，总有那么一些人出于对阿格里皮娜的忌惮而时刻把不列塔尼库斯牢记于心。那个在卡里古拉死前吝啬地抚养过尼禄几个月的姑母多米提娅·列庇妲，同时也是梅萨莉娜的母亲和不列塔尼库斯的外祖母。她企图对尼禄施加影响，而这让阿格里皮娜起了疑心。多米提娅·列庇妲受到了指控，据说，她妄图用巫术谋害阿格里皮娜，并对家中奴隶管教不力，致使公共秩序受到影响。

列庇妲的死是阿格里皮娜与敌人的权力斗争愈加激烈的一个标志。她的对手们十分清楚阿格里皮娜的目的。对于不列塔尼库斯阵营来说，他的成年将是一个重要时刻。公元55年2月，不列塔尼库斯在14岁生日当天，将穿上成人托袈袍。克劳狄乌斯也似乎逐渐意识到他冷落不列塔尼库斯是个错误。然而，那一天终究没有到来。克劳狄乌斯死于公元54年10月13日，据说是因为蘑菇中毒。对于阿格里皮娜来说，克劳狄乌斯可谓死的正是时候，以至于有人推测是毒杀也就不奇怪了。在古代，原因不明的死亡很容易招致此类怀疑，当然现在也已无从考证。就算克劳狄乌斯不是被下了毒，而只是误食了毒蘑菇（不过他似乎是宴席上唯一一个病倒的），阿格里皮娜请来的她所信赖的医生们也不会全力挽回皇帝的性命。恰恰在这个时候，皇帝信赖的被释奴纳尔奇苏斯（Narcissus）正在休假疗养中。

皇帝还在做着垂死挣扎，那些伴侍左右的人就已经张罗起继位人选。事不宜迟，尤其是克劳狄乌斯的蘑菇中毒来得如此突然。克劳狄乌斯自然立下了遗诏，写明了尼禄和不列塔尼库斯将来各自的角色和职责。然而，在阿格里皮娜的命令下，遗诏秘而不宣。有许多迹象表明，他在遗嘱里对亲生儿子和继子一视同仁，就像提贝里乌斯在他最后一份遗嘱里所写的那样，他的孙子提贝里乌斯·盖梅路斯（Tiberius Gemellus）和侄外孙卡里古拉被列为权力平等的对象。

自从有了克劳狄乌斯即位时的先例，皇家禁卫军的支持就成了最重要的因素。阿格里皮娜早在公元 51 年就开始谋划：她让塞克斯图斯·阿弗拉尼乌斯·布鲁斯（Sextus Afranius Burrus）接替了两名皇家禁卫军长官，独揽指挥大权。在此之前，布鲁斯不仅是一名军官，而且担任了多年的皇家财务总管（Procurator）。布鲁斯的升迁完全仰仗于阿格里皮娜。他自己并无野心，却仕途极顺，大权在握。

公元 54 年 10 月 13 日午时，罗马大街上冷冷清清，17 岁的尼禄在布鲁斯的陪同下来到了正在执勤的皇家禁卫军面前。禁卫军长官示意士兵们做出应有的反应，他们便用洪亮的声音问候了尼禄。尼禄坐着轿子来到禁卫军军营，发表讲话，许诺赠予每个禁卫军士兵一笔相当可观的收入——15000 塞斯特尔提乌斯铜币（Sestertius）①，这相当于他们五年的军饷。这篇极合时宜的讲话与承诺自然是立竿见影，尼禄随即被禁卫军拥为皇帝。不久后，元老院采纳了皇家禁卫军的决定，并通过了赋予尼禄皇权所需的全部决议。

权力交接的过程之所以如此顺畅，不仅在于所有这些都已事先安排妥当，让众多元老能够

① 塞斯特尔提乌斯铜币（Sesterz, 拉丁语为 Sestertius），罗马共和国以及帝国时期的主要铸币之一。最早是银币，在帝国时期改为铜币，并成为大量发行的货币。一个塞斯特尔提乌斯铜币的价值等于 1/4 个德纳里乌斯银币（Denarius），抑或等于 1/100 个奥里乌斯金币（Aureus）。

迅速接受这个 17 岁少年的另一个原因是，老年克劳狄乌斯的独断专行让他们深恶痛绝。在克劳狄乌斯统治的最后几年里，他的昏聩无道早已让元老和军官们不堪忍受。

尼禄通向帝位的道路是母亲阿格里皮娜一手为他铺就的。恺撒（Caesar）的继承人屋大维（Octavian），也就是后来的奥古斯都，在公元前 44 年读到恺撒的遗嘱时，仅仅比此时的尼禄大几岁而已[①]。屋大维则凭借超乎自身年龄的见识和自律展开了与政敌的较量。

我们并不确定，阿格里皮娜是否真的认为尼禄具备统治才能，毕竟他的父亲多米提乌斯是那么的难以相处。她关心的只是儿子的地位。她显然盘算过，至少要间接地在权力版图上占有一席之地，因为按照罗马人的传统，女人是永远不能临朝称制的。当尼禄后来不得不对自己的弑母行为进行辩解时，他声称阿格里皮娜在公元 54 年曾动过亲自去找皇家禁卫军的念头。至少，阿格里皮娜的政敌一定不会认为这项指

---

① 恺撒去世时屋大维 19 岁，克劳狄乌斯去世时尼禄 17 岁。

控是无中生有。

现存的关于尼禄青年时代的记述，可能会因为撰述者知道了尼禄后来的种种行迹而变得有失偏颇。即便如此，没有任何关于尼禄在公元54年前的描述可以证明，除了他母亲的野心、他与奥古斯都的亲缘关系之外，还有什么其他优势可以让这个年轻人成为至高王权的有力争夺者。

尼禄的成长过程完全受他无所顾忌地追求权力的母亲的影响。面对母亲的强硬态度，他不敢有半点违逆；但我们至少可以根据某些史料推测，他曾时不时地试图摆脱母亲的过分管束。塞内卡对尼禄进行了全方位的培养，以便为他有朝一日可能成为君王做准备。不过，这些课程对于每个年轻贵族而言都是必不可少的。母亲有意识地限制他学习哲学课程，想必是担心这个年轻人会因为不切实际的哲学思想而对母亲为他准备好的权位失去兴趣。也许阿格里皮娜偶尔会感觉到，儿子并非如她所愿，拥有登上权力巅峰的野心。尼禄对于诗歌、绘画和表演艺术兴趣浓厚，而这些爱好对于一个贵族来说也并非不体面。但问题在于，他是否有能力把控好自己对艺术的喜好和追求，从而首先扮演好作为罗马贵族的传统角色。

皇家禁卫军和元老院都同意了帝位继任者的人选。皇家禁卫军对尼禄的拥戴，一方面来自金钱的收买，另一方面出于对尼禄的祖父日耳曼尼库斯的感念。元老院的大多数人欢欣于克劳狄乌斯统治的终结。让具有奥古斯都血统的尼禄继承帝位，也符合人们当时对于王朝政治的惯常理解。尼禄身边最有影响力的两位重臣——塞内卡和布鲁斯，首先就保证了克劳狄乌斯统治的最后几年里那些不得人心的做法不会重演。而这位年轻的统治者也在公开场合展现了他审时度势的一面，甫一即位，他就以"最好的母亲"（Optima Mater）作为自己给禁卫军的第一条口令。

第三章 尼禄五年

经由精心策划的权力交接，年仅 17 岁的尼禄就当上了皇帝。这恰恰说明了，奥古斯都一手建立的政治秩序在短短数十年间就得以全面贯彻。当时，没有一个识时务的元老会对尼禄的地位进行质疑，毕竟统治者的合法性在于与奥古斯都有血缘关系。阿格里皮娜对此亦判断准确。尼禄当上皇帝没多久，她就命两个忠心耿耿的小亚细亚走狗把当时还在那里任职的行省执政官（Prokonsul）尤尼乌斯·西拉努斯（Iunius Silanus）给毒死了，想必是得了年轻皇帝正式的密令。这个看上去相当无害的男人，还曾被卡里古拉讥讽为"金绵羊"。他唯一的

"过错"就是，同为奥古斯都的玄外孙，就亲缘关系而言，他丝毫不逊色于尼禄。

一个对日常政务没有太多兴趣的年轻皇帝，对于尼禄身边的人来说并不是很大的挑战。统治者的"角色"已经被奥古斯都和他的继任者们界定得非常明晰，以至于帝位继承人倘若无心朝政或者有什么失误疏漏，也不会马上使整个政治系统崩坏。数量庞大的元老长期以来弥补了"君主制"的不足。卡里古拉死前最后两年几乎没有放过任何一个在政治上挑衅元老阶层的机会。而他并非死于元老院的密谋，刺杀卡里古拉的是一名皇家禁卫军军官，因为卡里古拉总是不合时宜地一再羞辱这名军官。毫无经验的尼禄想稳固自己的帝位，就得听从身边政治顾问审时度势的建议。

塞内卡为尼禄起草了他在元老院的首次致辞，其中包含许多承诺和对前景的展望，听起来十分振奋人心。尼禄强调了自己因为年轻而没有政治宿敌的优势，也表达了自己想听取谏言的意愿，并决心以奥古斯都为榜样。具体而言，尼禄表示将革除积弊：克劳狄乌斯在司法判决上的独断专行将一去不复返；被释奴"大臣"影响执政的尴尬局面也将终止（这项宣言对元老院来说意义重大）。最后，这位年轻的统治者允诺，与他的前任不同，他将注重维护元老院的传统职权。这是大多数元老最想听到的。

阿格里皮娜膨胀的野心自然是政权的一个不稳定因素。尼禄即位后最早的一批铸币中，阿格里皮娜的肖像就被印在了正面，而这个位置通常只留给皇帝的头像。克劳狄乌斯刚去世，阿格里皮娜就获得了一项不同寻常的荣誉，元老院特许她在公共场合享有配备两名官方侍从，即所谓棍束侍从（Lictor）① 的特权——在这之前，只有高级政务官和最高维斯塔贞女才拥有这一特权。

---

① 该词源自拉丁语动词 ligare，意为"束缚"。棍束侍从的一大外在特征就是左肩扛着一束捆扎在一起的棍棒，并插有刀斧，该武器在拉丁语里又称刀斧棍束（fasces）。棍束侍从以及其刀斧棍束是他们护卫的官员乃至整个罗马帝国的权力标志，以这种方式公开展示国家权力。这种习俗可能是罗马人从伊特鲁里亚人那里沿袭而来的。他们主要在公共场合随侍和护卫高级政务官（Magistrate）和少数高级祭司（如最高祭司和维斯塔贞女），为他们开道并保障其人身安全；他们有时也承担抓捕等执法任务。不同级别的官员或祭司拥有的棍束侍从数量不同，与其职权高低相匹配。

除此之外，在尼禄统治的头几个月里，阿格里皮娜为了扩张自己的权力，毫不顾忌儿子的脸面，无所不用其极。布鲁斯和塞内卡之所以能达到今时今日的地位毕竟要完全归功于阿格里皮娜，此时他们也是进退两难。塔西陀记述了塞内卡在处理外交事务上的一次出色表现，他如何成功地避免了一桩外交丑闻。有一次，尼禄准备接受亚美尼亚使团的觐见，一开始，阿格里皮娜就意欲坐在尼禄身旁，以彰显她享有同等的地位。当所有人都愣在那里，对此尴尬局面不知如何是好的时候，塞内卡十分镇静地请尼禄起身并向自己的母亲致意，随即顺势恭送她离场，或者在后排给她找一个合适的座位。尼禄听取了塞内卡这个绝妙的建议。

尼禄统治初期的五年，被后世皇帝图拉真（Traian）称颂为罗马历史上的典范时期——"尼禄五年"（Quinquennium Neronis）。对此，图拉真到底使用了怎样的标准，抑或承续了怎样的历史辩护传统，在具体细节上还存在争议。但毋庸置疑的是，尼禄统治的头几年完全受到了元老院上层的赞赏——毕竟，元老们首先是

图 3　尼禄和阿格里皮娜像，奥里乌斯全币（Aureus），铸造于公元 54 年或 55 年

说明：左边是年轻尼禄的胸像，右边是他母亲的胸像。如图所示，这枚钱币的正面刻写的是关于阿格里皮娜的文字：Agrippina Aug(usta) divi Clau(i uxor) Neronis Caes(aris) mater（阿格里皮娜·奥古斯塔，神圣的克劳狄乌斯的妻子，尼禄·恺撒的母亲）。因此，给人的印象是，皇帝的母亲可能亲自安排铸造这样的钱币。

决定历史说法如何流传千古的人，而他们对"好的"统治者的标准又是显而易见的。皇帝在国都、意大利（Italien）乃至其他行省的治理对元老院下放的权力越多，就越有可能得到元老们的支持。上文提到的尼禄的"执政宣言"细细看来其实并无多大新意。卡里古拉和克劳狄乌斯在即位之初也都发表过类似的宣言，但很快他们就将这些宣言抛之脑后。相反，尼禄倒是老老实实地奉行了几年他的"执政宣言"，赐予元老院些许的自由与权限，虽然很多都不足挂齿，而对于十分在意自身定位期许的元老院来说，却是极大的抚慰。

塔西陀的《编年史》（Annalen）关于尼禄统治初期的记载中，着重强调了尼禄（以及他的智囊团）在一切涉及元老院问题上的示好态度。而那些迎合元老院的具体政策往往又无足轻重，这也证实了元老院事实上的职权范围相当有限。财务官（Quästor）在其任期内有义务在国都举办花费高昂的角斗士比赛，而免除这项义务就已经意味着极大的讨好而备受称颂了。甚至是官员之间关于昔日共和制的争论这点微弱的余晖也足以让元老们感觉到自己昔日的荣光，而皇帝若任其讨论这类"元老院的"问题，他们就会感到非常满足。

元老院想彰显自己的独立性，但又乐意接受皇帝的眷顾。公元 58 年，尼禄接济过三位潦倒落魄的元老，使他们再次具备了保留其地位所必须满足的财富条件。皇帝的这一举动被视为对元老阶层的高度重视，因而广受赞誉。所以，元老院在恰当的时候用一些谄媚的提案来讨皇帝的欢心，并不违背元老院对自我定位的认知。在这种情况下，也有些投机者弄巧成拙，险些使皇帝下不来台。例如，有人曾建议将12月也就是尼禄的诞辰月作为罗马历一年的开端。尼禄起初还曾"谦逊"地拒绝过"国父"的称号，但后来还是欣然接受了这个头衔。这种不需要任何政治成本的故作矜持的姿态，与他那些有利于元老院拓展职权的政治决定一样，对于他在死后赢得"尼禄五年"的名声起了同等重要的作用。

尼禄统治初期，国内政治形势缓和，这也能从铸币上看出来。这几年金银币上铸刻的字母 SC（拉丁语 ex senatus consulto 的缩写，意思是"来自元老院的决议"），并不是指元老院对相应的贵金属铸币的授权，而是皇帝想以此感谢让他能够享有自己头衔所带来的荣耀的元老院。

尼禄对这五年的政绩有什么贡献吗？我们很难从古代历史文献里获知，他在统治初期究竟有没有对日常政务产生任何直接的影响，还是说他为了闲暇和自由时间，把政务都留给了他的顾问和专业团队。在"尼禄五年"里，并没有多少证据表明，尼禄在政治上有什么远见卓识。如果说皇帝早年的那些提案被明确地称作个人决定的话，那么这往往是意图良好但没什么实效的凭空而来的主意。例如，公元58年他取消赋税的提案，后来经历了几轮专业性讨论，才得以撤回。那些可以证实是尼禄自主做出的决定，通常都存在很大的问题。例如，公元61年（也就是"尼禄五年"之后），尼禄派遣被释奴波里克利图斯（Polyclitus）去贯彻执行他的不列颠（Britannien）政策。在统治的最后几年，每当危机来临他必须独自决断的时候，他就会惊慌失措。只要布鲁斯和塞内卡能够自由行使顾问之责，那么尼禄的突发奇想便不会造成什么实质性危害。即使是嫉妒他们权位的人也不能否认，正是有这两位政见一致的顾问才确保了政务的顺利开展，这种情况最迟持续到公元62年布鲁斯去世。

布鲁斯的官方职务是皇家禁卫军长官，他

主要在军事安全问题上为尼禄提供建议。塞内卡主要负责向皇帝提供个人建议，并制定政治方针。在此之前，从来没有哪位皇帝的"顾问"（amicus①）能发挥如此大的影响力。在奥古斯都所有的继任者中，尼禄是第一个（至少在他统治初期）连自己的公开演说都明显由别人事先拟好的皇帝。

塞内卡非常注重他作为帝师（educator）和顾问的双重身份及其在公众眼中的良好形象。他于公元55年发表的《论仁慈》（De clementia）不仅是做老师的写给他年轻的被监护人看的，同时也向知识阶层昭示了他培育和辅佐皇帝的准绳。

尽管如此，我们很难找到塞内卡处理日常政务的蛛丝马迹。这位哲学家来自西班牙，即便是在那些与其个人利益极有可能相关的事务上，如关于奴隶权利或者行省管理的决定中，也没有他直接参与或施加影响的证据。公元55

---

① amicus，拉丁语"朋友"的意思。从奥古斯都称帝、罗马进入帝国时期起，amicus意指独立于个人友谊的政治同盟关系。此处应指 amici augusti（"皇帝的朋友"），他们是 amicus 中的最高阶层，往往是皇帝身边的高级官员或者顾问，具有很高的社会和政治地位。

年，塞内卡还担任了三个月的罗马执政官。不管是在这段任期内，还是其他时期，元老院的会议中都未提及塞内卡的参与，尽管众人毫无疑问都希望听到他的意见；显然，也正因如此，他有意回避在重要会议上露面。可见，尼禄也没有命令他参加元老院的会议；也许他想让会议显得更自由些。即使是在退出公众视野之后，塞内卡也并未在写作中提及多年来自己作为统治者身边最重要的顾问的工作。

塞内卡长期以来都以斯多亚学派（Stoa）严苛的道德准则来要求自己。很多时候，他一定感受到了贯彻信念的巨大难度。上述为尼禄写的王侯行为规范《论仁慈》，很有可能发表于不列塔尼库斯死后不久。或许，塞内卡也认为潜在继位者的暴死可以避免内战爆发。他在宫廷中履行职务时常常面临自我良知的巨大考验，另一个例子就是他在阿格里皮娜被杀后参与的"危机管理"。他觉察到了灾祸的来临，但对皇帝的计划可能并不知情。然而，当尼禄直接下达弑母指令时，他却在尼禄身边，并在其指示下起草了要在元老院宣读的文书，说明所谓的阿格里皮娜谋刺皇帝计划的来龙去脉和她死亡的经过。那些熟悉塞内卡文笔的元老们立刻就能意识到，这份报告并不是皇帝本人撰写的。

回过头来看，要批判塞内卡妥协于宫廷现实和自身野心是很容易的。他既想努力奉行斯多亚学派的生活准则，又被迫卷入宫廷的阴谋斗争，这点毫无疑问令他饱受哲学同行的吹毛求疵。塞内卡为自己在本质上忠于他的哲学信仰而感到自豪，这从他与尼禄私下里的谈话中可见一斑。从这些谈话中可以看出，他本着良心、尽其所能地担负起自己作为教育者的职责。塔西陀对任何伪善和自欺都能敏锐地觉察到，他认为，尽管塞内卡偶尔有些虚荣和阔绰，但本质上是个正直、尽责的人。

后人对于尼禄统治初期这五年典范治理的印象，也得益于其在内政外交上未曾遇到特别大的考验这一事实。在塔西陀看来，公元 57 年就没有什么值得记述的事情，除非把圆形竞技场（Amphitheater）的兴建也囊括在内。

在公元 58 年也即"尼禄五年"接近尾声之际，元老院有人提议授予尼禄终身执政官的职权，以便尽可能地以制度化的方式将尼禄和元老院强有力地捆绑在一起。尼禄拒绝了该提议，这让绝大多数元老松了一口气。

自从布鲁斯去世、塞内卡辞官以来，尼禄便不再保持谦逊谨慎的姿态，因为他在取悦元老院的做法上获得的好处明显越来越少。公元62年，他第一次批准了对大逆罪（maiestas）①的审判。这标志着尼禄不再对元老院有所顾忌。到了最后，在公元67年"解放"希腊之际，尼禄甚至提都没提元老院。

公元54年尼禄即位之时，元老院的贵族们没有对他抱有过高的期待，没人指望他能带来现代意义上的"励精图治"。克劳狄乌斯时期那

---

① "大逆罪"在法律上的定义相当模糊，主要指"对不容置疑的至高无上的权力和尊位的不敬"，可以有忤逆神意的宗教意涵，也包含对罗马人民、对共和国及其高级官员乃至对帝国时期的帝王的背叛或忤逆之罪责，总之是具有政治和宗教意味的"大逆不道"。从奥古斯都晚年起，maiestas更多地被用来指控对皇帝个人的背叛，后来在提贝里乌斯时期，maiestas更是被当作消灭政治对手的重要手段。提贝里乌斯死后，卡里古拉不再使用这条罪名，而是用更直接的方式对付敌人，克劳狄乌斯也是如此。公元62年，尼禄再次启用这一律法，直到公元68年倒台之前，他利用大逆罪迫害了很多无辜的受害者。

图 4 塞内卡的方座头部塑像，柏林，国立博物馆，古典收藏，
库存编号 391

些尽人皆知的弊端能得以克服，他们就已经非常满意了。只要这位皇帝能够保持诸如体恤民情（civilitas）、慷慨大方（liberalitas）这样的传统美德，就没人会要求他进行深度改革或大胆规划。总体来看，基于与统治末期骇人行迹的鲜明对比，人们对尼禄初期相对良好的治理越发记忆深刻。同时，尼禄后来的受害者参与了这头几年的治理，这也使得元老院在官方报告里似乎有必要通过着重渲染初期治理的微弱优势来宣告他们参与治理的贡献。

第四章 弑母

尼禄能登上皇帝的宝座，得归功于他母亲的一系列阴谋诡计。可以想见，她对尼禄的高压掌控迟早要酿成大祸。此外，随着时间的推移，布鲁斯和塞内卡两人的立场也逐渐发生变化，他们对阿格里皮娜知遇之恩的感激逐渐被年轻统治者眼下的恩宠取代。克劳狄乌斯驾崩还不满一年，阿格里皮娜攫取权力的野心就遇到了危机。这个年轻的统治者已经表现了独立自主的意图，这一切来得出人意料的快。尼禄常常得忍受母亲的许多说教，其中就包括与克劳狄乌斯的女儿屋大维娅联姻在国家层面上的重要政治意义。当时的屋大维娅13岁，但与宫中其他漂亮姑娘相比，显然缺乏个人魅力。这场婚姻纯粹是一种王朝政治的惯例。

然而，尼禄却迷上了一个名叫阿珂特（Acte）的年轻的希腊被释奴，这个姑娘大概也是在寻求这个年轻皇帝的关注。起初，尼禄成功地对母亲隐瞒了这段恋情，后来他不得不忍受她的责备——不过多半是指责他冷落了妻子，使屋大维娅怀上合法继承人变得遥遥无期。

有许多迹象表明，尼禄对阿珂特的感情是真挚的，或许令常人难以理解的是，阿珂特爱上尼禄也不完全是因为他罗马帝国统治者的身份：公元 68 年，是她和两个乳娘一起安葬了尼禄。尼禄与阿珂特的热恋持续了至少有三年之久。在此期间，尼禄甚至还想过和阿珂特结婚，而罔顾自己与屋大维娅的政治联姻；也有些资深元老（Konsular）①想在元老院替阿珂特求一个体面的出身，以便扫除她被释奴身份带来的婚姻障碍。

阿格里皮娜也察觉到，尼禄的顾问们是如

---

① 资深元老（拉丁语为 consularis）是指元老院中那些至少担任过一次罗马执政官的元老。在罗马共和制时期，他们是元老中的最上层阶级，是在元老院的讨论过程中被首先征询意见的人。

何通过对这段意想不到的真挚恋情的支持，来赢得其信任的。当激烈的指责毫无结果时，她试图妥协让步并用好言好语来恢复对儿子的掌控，而她也一定因为这短短几个月来的迅速失势而心生愤恨。

然而，她又犯了一个难以弥补的错误。尼禄慷慨地赠予她丰厚的礼物以期和解，而她却气冲冲地说，这些不过是罗马皇室的家底，而她儿子能得到这些财富，都是因为她。如果说这些话可能只是不留情面（虽然很快就传到了尼禄的耳朵里），那么她对不列塔尼库斯的溢美之词，就让尼禄有些提心吊胆了。阿格里皮娜喜欢称自己为"日耳曼尼库斯的女儿"。不过，由于她的那张臭嘴，这个"日耳曼尼库斯的女儿"也早已臭名昭著。她贬损骄傲的布鲁斯为瘸子，又诋毁塞内卡是个爱慕虚荣的职业空谈家，而这些错误都会在日后令她自食其果。

就在不久之后，克劳狄乌斯的儿子不列塔尼库斯就死了，年仅13岁。据说，阿格里皮娜曾把他当作自己儿子的替代品。宫中仍有势力在观望着这个男孩的政治前景，而男孩自己的一些言行也加剧了尼禄对他的怀疑：在农神节（Saturnalien）的一次狂欢活动上，尼禄安排不列塔尼库斯演唱一首歌曲，大概纯粹是盼望克劳狄乌斯的儿子会像他父亲一样在社交场合出尽洋相，然而事与愿违，年轻的不列塔尼库斯唱歌本就动听，他从容不迫地即兴吟唱了一首歌谣，讲述的是一个王子被夺去统治权的故事。如果这个故事可被看作对现实的影射，那么古怪的克劳狄乌斯留下的儿子似乎也将大有作为。

根据古代相关记载，不列塔尼库斯的突然死亡是由经验丰富的药剂师洛库斯塔（Locusta）调配的毒药所致，但这一说法的可信度不高。因为只有少数几种已知的毒药能迅速可靠地发挥作用，又能神不知鬼不觉地进入受害者体内。或许这位后来招收门生的洛库斯塔在她的领域的确是一位难得一见的大师呢。

不列塔尼库斯死在了一场宴席上，可以说是在众目睽睽之下突然去世的。当着尼禄的面下毒，简直就是赤裸裸的挑战，因为没有一个爱惜自己前程的人会有胆量将此归咎于在场的皇帝。不列塔尼库斯喝的东西，据说试食官已经尝过了，但送上来的时候太烫，就用下了毒的凉水调和了一下。这可能就是下毒的过程。此外，不列塔尼库斯的抽搐看上去很像癫痫发作。尼禄看着他年轻的对手发作，并且对他的痉挛发表了评论，暗示人们联想起不列塔尼库斯曾经有癫痫症状。后来的皇帝提图斯（Titus），也就是韦斯帕芗（Vespasian）的长子，是这一事件的目击者。无论如何，后世的传言都确凿无疑地认定，是尼禄下令毒死了不列塔尼库斯。而不列塔尼库斯的葬礼没有公开、匆匆完事，也进一步加重了同时代人对此事的怀疑。那些坚信尼禄谋划了不列塔尼库斯之死的人用政治考量来安抚自己的良心，像不列塔尼库斯这种对手的存在将会成为今后破坏政治秩序的危险因子；那些熟悉历史的人也会这样辩解，说提贝里乌斯和卡里古拉上台后，也各自铲除了潜在的竞争对手。心怀叵测的人声称，在不列塔尼库斯死后，尼禄用丰厚的赏赐把塞内卡以及其他顾问和自己捆绑在同一条船上，而对于这种赏赐，人们自然也是难以拒绝的。

阿格里皮娜也在宴席现场，不列塔尼库

斯的突然身亡对她来说是一个沉重的打击。塔西陀记述了她毫无掩饰的惊恐状，并且暗示读者，此时她意识到儿子与自己一样冷酷无情、毫无廉耻。据说在公元54年前，她曾通过预言获悉，她的儿子将会成为统治者，但也会杀了自己的母亲。"只要他能统治，杀了我也无妨"，据说是她当时的回应。也许现在她有了不同的想法。

此次事件之后，她竭力巩固自己的权力地位，倘若儿子再为所欲为，也该让他有所忌惮。不列塔尼库斯死后，她找可怜的屋大维娅做她的盟友，拉拢共和国贵族的最后一批子孙，还聚敛了大量财富，以便日后赢得更多政治盟友。对于尼禄的顾问来说，最值得警觉的信号或许在于，阿格里皮娜对派来护卫她、亲善她的皇家禁卫军也纡尊降贵、亲切相待。

对此，尼禄可谓反应机敏：不列塔尼库斯死后不久，阿格里皮娜就被迫搬离权力中心，住到了她祖母安东尼娅（Antonia）的近郊别墅。在那里，尼禄下令撤走了护卫她的皇家禁卫军和日耳曼人卫队。这明显是昭告天下，皇太后的圣容被铸刻在钱币上的时代已经一去不复返了。阿格里皮娜被排挤到了政治舞台的边缘，很快便门庭冷落；只有她那个儿子会定期看望她，也不过是礼节性地做个样子，冷冷地见个面，草草了事，又忙不迭地离开。

往日的朋友作鸟兽散自不用说，而这些年她招惹的一个个对她恨之入骨的宿敌是一个都没有少。尤尼娅·西拉娜（Iunia Silana）就有好几笔账要找她算——她的家族成员曾惨遭阿格里皮娜的迫害，再加上阿格里皮娜还挖苦过她爱上一个比自己小得多的年轻男子，这些伤害足以让西拉娜指控阿格里皮娜密谋背叛皇帝。尼禄的姑姑多米提娅，无疑也是阿格里皮娜的死敌。她则负责找准时机，巧进谗言：在深夜，尼禄酒过三巡之后，正是精神涣散、丧失判断力的时候。

这个趁着夜深人静对阿格里皮娜做出的指控可能完全是捏造的，却恰到好处地使尼禄相信了他母亲的危险性：她正计划联手鲁贝里乌斯·普劳图斯（Rubellius Plautus）推翻皇帝。普劳图斯虽然不是奥古斯都的直系后裔，但毕竟是奥古斯都的姐姐屋大维娅的后人。

在危急时刻，尼禄总是处于惊慌之中，无论他有没有喝酒。听闻指控后他胆战心惊，甚至在没有进一步查明事实之前就想处死母亲和鲁贝里乌斯·普劳图斯。对于布鲁斯来说，一方面他得到现在的位置要归功于阿格里皮娜；另一方面他也清楚，皇家禁卫军敬重这位"日耳曼尼库斯之女"，在没有审判和认罪的情况下，不太可能对她采取行动。所以，他坚持让阿格里皮娜先接受审讯。尼禄对布鲁斯还是不太放心，以至于第二天布鲁斯口气严厉地开始审讯时，他还在现场安排了塞内卡和几个被释奴。

面对指控，阿格里皮娜以其沉着冷静和惯有的狠辣应付自如——看来，没有一丁点儿证据能表明她的确和鲁贝里乌斯·普劳图斯有任何实际的勾结。这场成功的自我辩护的高潮是她获准面见尼禄。阿格里皮娜那或真或假的怒气，通过对一些与她关系密切的元老和骑士的拔擢得以平息。那些指控她的人要么被流放，要么被处死。重要职位的安排满足了阿格里皮娜的心愿，这使她在短时间内显得几乎和以前一样有权势。

在西拉娜对阿格里皮娜的指控以不了了之而尴尬收场之后，尼禄想必成功地把母亲逐渐推向了政治边缘地带——至少与她在尼禄即位头几个月的地位相比，越来越无足轻重。从公元55年起，尼禄就真切地感受到来自母亲的威胁。母子二人的私人会面变得越来越少：每次她来到罗马，他就指使人变着法子状告她，一定要让她在国都待得不得安宁；如果苏维托尼乌斯的一项记述可信的话，那么，即便她退居乡里，尼禄也还是专门派人去母亲的庄园里捣乱。

在长达四年的时间里，阿格里皮娜都被排挤在政治舞台的边缘，除了忍气吞声别无选择。尽管如此，尼禄还是在公元59年3月下定决心，要铲除他的母亲。

是什么驱使他下达了这样的命令？这势必让他同时代的人想起神话里的恐怖场景，记起希腊化时代那些堕落的贵族。仅凭现存的记载，我们很难理解，为什么尼禄要在公元59年春天做出这个弑母的决定。

也许是因为母亲的建议和警告始终不绝于耳，弄得他神经紧张，这一点也早已尽人皆知。

事实上，令人意外的是，在阿格里皮娜活着的时候，尼禄还是不敢肆意发展他对艺术的兴趣。直到她死后，尼禄才真正地投入其中。他对母亲的愤懑程度，从苏维托尼乌斯引述的他以想要退隐于罗得岛、远离朝政（就像曾经对奥古斯都不满的提贝里乌斯一样）相"威胁"一事就可以看出。如果苏维托尼乌斯说的话可信，那么早在公元 59 年春天之前，尼禄就已经被他母亲的威胁性建议和私人干预搞得心神不宁、精疲力竭，以致他曾三次企图毒死她，然而均以失败告终，因为阿格里皮娜对下毒早有防备。

尼禄同时代的人难以用一个具体的理由来解释他弑母的决定。塔西陀的记述也说明了这一点：他用一个女人的影响来解释这次新的也是最后的母子危机，正如他用尼禄对阿珂特的爱来解释公元 55 年尼禄与母亲的第一次疏远。公元 55 年对阿珂特的迷恋使尼禄第一次疏远了母亲。公元 59 年，据说是尼禄的新欢波培娅·萨比娜（Poppaea Sabina）不断地用尖刻的言辞折磨这位统治者，常常嘲笑他对母亲言听计从，直到尼禄最终决定要谋杀自己的母亲。

波培娅比尼禄大 6 岁左右，不仅充满魅力，而且极具野心。按照通常的标准，只有老练的溜须拍马者才能大言不惭地把她的出身说成是高贵的。她的父亲提图斯·奥利乌斯（Titus Ollius）并非出身于元老阶级，在公元 31 年去世时不过是一介财务官，追随的是塞雅努斯。波培娅的名字非常罕见地取自她的外祖父盖伊乌斯·波培乌斯·萨比努斯（Gaius Poppaeus Sabinus）。她的这位外祖父曾在公元 9 年担任过执政官，并且在多瑙河地区担任了多年的行省总督。波培娅的第一任丈夫是克劳狄乌斯在位时的一名皇家禁卫军长官，他们的儿子在公元 66 年被尼禄杀害。这段婚姻可能没有维持多久。她的第二任丈夫是尼禄的宠臣萨尔维乌斯·奥托（Salvius Otho）。也正是在这段婚期内，她和皇帝勾搭上了。这段三角关系想必一度成为城中百姓茶余饭后的谈资，直到公元 58 年，尼禄将他的朋友兼情敌打发到遥远的卢西塔尼亚（Lusitanien）行省（今天的葡萄牙）。结果，他在行省总督的职位上做得还不错——这让所有对他在罗马的夜生活了如指掌的人都感到很惊讶。①

阿格里皮娜想必对这个出身并不显贵而婚史丰富的女人言语轻蔑。不过，与被释奴阿珂特不同的是，将这段关系合法化（离婚后）的想法并非完全不现实，而且波培娅的生育能力也已经通过育有一子的事实得到了证明，那么为尼禄诞下一个帝位继承人自然也是大有希望。

阿格里皮娜几乎用尽了各种办法，以阻止儿子发生婚变，这显然是迫在眉睫的事情。只要翻一翻现存的少量关于波培娅个性的记载，就完全可以理解阿格里皮娜为何如此急切了。她不仅驻颜有术，知道怎么调配异域秘方来让自己保有年轻靓丽的肌肤，同时，对于精神信仰也兴趣浓厚。有许多证据表明，她对犹太人的宗教信仰抱有好感：著名的犹太战争史学家

---

① 苏维托尼乌斯在《罗马十二帝王传》第7卷《奥托传》第2章里对奥托做了相关描述："据说，夜间他习惯于在大街上游游逛逛。遇到体弱者或醉汉，就捉住，放在披风里抛摔。"塔西陀《编年史》第13卷第46章记载，"奥托在私生活方面虽不免随便，但在公事方面却是严于律己的"。（本书译者注中对《罗马十二帝王传》的直接引用均出自商务印书馆1995年2月第1版，不作改动，个别人名翻译与本书及其他译著中的译法不同，也一并保留，后不再说明。）

弗拉维乌斯·约瑟夫斯（Flavius Josephus）就曾在公元63年作为外交特使与波培娅打过照面，并称赞其为犹太人利益的维护者。

有些元老阶层的历史学家在尼禄面前从来都是俯首帖耳、噤若寒蝉，后来却能报道出种种不利细节，说阿格里皮娜试图通过乱伦关系拴住尼禄。即便按照古代的标准，乱伦也是相当可怕和不堪的行径。那些——回想起来——特别反感尼禄的人，甚至说是他主动这样做的。所有这些对尼禄形象的败坏都只存在后来记述者的幻想之中——恰恰相反，尼禄尽可能地和母亲保持着距离。他们长期回避任何私人接触，以至于谋杀阿格里皮娜前的那次见面竟被世人视作"冰释前嫌"而受到称颂。

尽管就私人关系而言，母子俩早就井水不犯河水了，但尼禄在公元59年春还是下定决心除掉阿格里皮娜。布鲁斯和塞内卡对尼禄的计划一无所知。尼禄先是琢磨着下毒，然而，自从不列塔尼库斯在饭桌上意外身亡之后，阿格里皮娜就已经对此有所防备。尼禄也探查到这个情况，便又想派皇家禁卫军去执行死刑，这对他们来说也早已习以为常。不过，就算不用说，尼禄也一定明白，他未必能在这件事情上确保皇家禁卫军百分之百地忠诚于他。因此，现在只剩下驻扎在米塞努姆（Misenum）的舰队了。舰队指挥官阿尼凯图斯（Anicetus）是尼禄少年时代的老师，同时不知何故，他也是阿格里皮娜的仇人。他向尼禄提议建造一艘船，事先在船舱上做好手脚，让舱顶在恰当的时机塌陷下来，砸死毫无戒心的阿格里皮娜。

在坎帕尼亚（Kampanien），一切都安排妥当了。公元59年3月，尼禄邀请母亲过来，与他一起共庆大五日节（Quinquatrus maiores）①，以示和解。据说，作为母亲的阿格里皮娜对此感到很高兴。在包利（Bauli）的一栋别墅里，尼

---

① 原文中Quinquatrien指的是古罗马的两个宗教节日，拉丁语Quinquatrus或Quinquatria，原义是指古代罗马历伊都斯日（Idus）后的第五日（拉丁语的"五"是quinque），这也是该节日名字的由来。五日节（Quinquatrien）有每年3月19~23日举行的大五日节（Quinquatrus maiores），以及每年6月13~15日举行的小五日节（Quinquatrus minusculae）。据此，文中所指的节日即"大五日节"。大五日节最初可能是为将来的军事行动祈福而祭献战神玛尔斯（Mars）的节日，后来在帝国时期主要是为了庆祝密涅瓦女神（Minerva）的生日，以及纪念其神庙在阿文提努斯（Aventinus）山上落成。

禄特地为阿格里皮娜举办了晚宴。与往年不同的是，她被安排在了当晚宴席的主座上。尼禄一直招待母亲到深夜，以便阿尼凯图斯策划好的袭击能在夜幕中悄然进行。夜深人静，阿格里皮娜和两名仆从被护送到为她准备的新船上。

正当阿格里皮娜的宫女阿凯罗尼娅（Acceronia）津津乐道于晚宴的完美，以及尼禄对自己之前不孝的悔悟时，船舱突然间出现了塌陷的信号——一名仆从被砸死了。阿凯罗尼娅和阿格里皮娜蜷缩在残损的船舱里，惊讶地发现不但没有人来救她们，船反而被击沉了。阿凯罗尼娅作为阿格里皮娜忠实的朋友，恰好坐在她的身边，她惊慌失措地发出不安的尖叫声，装作自己是皇帝的母亲。阿格里皮娜此时小心翼翼、一言不发，眼睁睁地看着阿凯罗尼娅被误认为是自己而被水手活活弄死。她的肩膀受了点轻伤，并向岸边游去，后来被注意到沉船的几艘小渔船救了起来。

现在，阿格里皮娜完全看清了尼禄的意图，他想在既不用利刃也不用毒药的情况下，不着痕迹地悄悄除掉她。不过，她意识到，不去揭穿才是更明智的做法。她派被释奴阿盖尔姆斯（Agermus）尽快将自己在海难中幸运获救的消息告诉尼禄，并恳请尼禄准许自己好生休养，以从惊吓中恢复过来。与此同时，阿格里皮娜在海难中获救的消息传开了。午夜时分，当地人纷纷前来，向获救的阿格里皮娜表示敬意。有趣的是，被边缘化了那么多年之后，阿格里皮娜在民众中竟还能有这样的反响。

这一切都发生在午夜后的几个小时之内。阿格里皮娜获救的消息吓得尼禄大脑一片空白，他又一次慌了神。现在，他是真的害怕母亲了。万一她煽动海军和皇家禁卫军来对付自己，那可如何是好？不过，如果塔西陀对阿格里皮娜那些谨慎思虑没理解错的话，就没有必要这么担心。在危急关头，阿格里皮娜想到的不是什么政变，而是她那被水手杀死的有钱朋友的遗嘱。[1]

就像在其他紧要关头一样，尼禄向布鲁斯

---

[1] 塔西陀《编年史》第14卷第6章记载，"她下令寻找阿凯罗尼娅的遗嘱，并把她的财产封存起来，只有这一个行动她不是做作的"。书中对这句话的注解如下："阿格里披娜要求寻找阿凯罗尼娅的遗嘱，可能是希望通过遗嘱取得她的全部财产。关于阿格里披娜的贪婪，参见本书第12卷，第7章。"

和塞内卡寻求对策。在此之前，出于谨慎，他一直都没让他们知道自己的计划。无论当时他们讨论了什么，在塔西陀的记述里，这两位顾问一开始都持沉默不语的观望姿态，以便让尼禄意识到眼前事态的严峻性。因此，在这种情况下，尼禄采取了之后的那种方式去控制局势就不足为奇了。布鲁斯拒绝让皇家禁卫军参与这场迫于形势的对皇太后的诛杀，理由是禁卫军忠于皇室所有成员，他们必然会违抗这个命令。于是，尼禄想到了舰队司令官阿尼凯图斯。好在阿尼凯图斯作为阿格里皮娜的宿敌，早就做好了为皇帝效命的一切准备。尼禄刚做好部署，阿格里皮娜的信使阿盖尔姆斯就来了。这时，尼禄又回过神来，并堂而皇之地把剑扔到阿盖尔姆斯脚下，厚颜无耻地命人以行刺皇帝的罪名把他给抓了。此时，作为顾问的布鲁斯和塞内卡也还只是眼睁睁地看着这一切发生吗？

没过多久，阿尼凯图斯的士兵就抵达了阿格里皮娜的别墅，并赶走了所有围观的人。阿格里皮娜的家仆要么被捕，要么逃走。当阿尼凯图斯终于赶到阿格里皮娜灯光昏暗的卧室时，只剩下一个侍女还陪着她，但现在就连侍女也要逃走了。据说，阿格里皮娜感叹道："你也要离我而去了？"

在生命的最后时刻，阿格里皮娜确实表现得非常镇定自若，甚至可谓大家风范。她对士兵说，如果他们是来询问她的状况，那么她已经好多了；如果他们是来杀她的，她则不能相信自己的亲生儿子下了弑母的命令。

阿尼凯图斯带了两个随从，并让他们动手、执行命令。他们二话不说，跑上来就是一顿棍棒伺候。据传，阿格里皮娜的最后一句话是对那个拔出剑来准备刺死她的军士说的："来刺我的腹部（ventrem feri）！"——我们似乎可以这么理解，她是让他刺向那孕育了弑母者的身体。无论怎么想，这都是一个非常可怖的姿态，充满了各种影射。恺撒在死的那一刻还顾忌自己倒下时不要出现什么不体面的裸露。与之相反，阿格里皮娜则有意让自己裸露，这违背了所有的女性行为准则。繁衍子嗣是王朝得以延续的根本，她可能是故意要让这个象征着女性生育能力的部位受到破坏。

死去的阿格里皮娜像当年的不列塔尼库斯那样被草草埋葬，没有举行任何仪式，起初连墓穴的标记都没有——更像是在安葬罪犯。直到后来，她的家仆才敢在墓上放上一块毫不起眼的石头。

天还没亮，阿格里皮娜就死了——距她与尼禄分别还不到六个小时。此时的尼禄已经处于精神崩溃的边缘。布鲁斯知道该怎么做，他派了一些禁卫军去恭贺尼禄终于脱离了险境。与此同时，朝臣们则在神庙里进行感恩祷告。

尽管如此，尼禄还是难以保持镇定，他也不敢回罗马，而是躲到那不勒斯（Neapel），并从那里向元老院报告了母亲的死讯。凡是听得仔细的人都会注意到，并不是皇帝，而是塞内卡，写了这份自圆其说的辩护词。这封信写得尤为浮泛空洞，单凭其文风就足以流传后世。

塞内卡称阿盖尔姆斯为刺客，说阿格里皮娜在密谋败露后自行做了了断。过去人们对她的种种指控和谴责被悉数提及，并被渲染夸大，与事实相比有过之而无不及。

塞内卡事先并未参与尼禄的计划，就自

身而言，他以这样的方式介入危机、收拾残局也许是想表明，这实在是别无选择，不得已而为之。有些人很高兴，认为尼禄的地位不会再受到他那诡秘莫测的母亲的威胁。就如同先前不列塔尼库斯的死一样，有人认为这么做是有好处的。元老院接二连三地通过了一系列精心策划的感恩决议和荣誉决议，但尼禄却没有因此而感到高兴。他正饱受噩梦的折磨，罪恶感从未离开过他。即使是在后来漫长的希腊之旅中，他也避免参访厄琉息斯（Eleusis）和雅典，而这往往是古人游历希腊时的必去之地。尼禄不去那里，很有可能是出于对复仇女神弗里亚（Furien）① 的畏惧。

---

① 希腊神话中的复仇三女神厄里倪厄斯 Erinnyen（希腊语为 Erinyes），在罗马神话中的对应者是弗里亚（拉丁语为 Furiae）。复仇女神的主要职责是追踪那些杀害血亲尤其是谋杀父母的人。例如第五章后面提到的希腊悲剧中的经典人物俄瑞斯忒斯（Orest）和俄狄浦斯（ödipus）都因谋杀自己的父母而激怒了复仇女神。复仇女神在雅典及其附近地区（厄琉息斯位于雅典西北约 30 公里处）受到崇拜，每年人们都在这里为其举行祭祀庆典。

第五章 "好一个艺术家"

"一个多么伟大的艺术家就要死了！"据说尼禄在死前如此哀叹道。这句话某种程度上是可信的，因为符合他去世前最后几年越发强烈的作为一名艺术家（artifex）的自我身份认同，尤其是作为一名基塔拉琴（Kithara）演奏家。

尼禄热爱登台表演，然而这与罗马统治阶级的社会准则背道而驰。他如此"追求艺术"，曾遭到公元 65 年那些谋反者的批评，甚至在公元 68 年下台前不久流传的传单里，他被斥骂为"基塔拉琴手"，但仍然我行我素。尼禄对"艺术"的执念并不讨人喜欢，这对于他形象的损害或许并不亚于他处死那么多或真或假的政敌、谋杀阿格里皮娜以及最终抛弃并残忍地处死屋大维娅 [1]。因为在当时的罗马，这两种身份是不可能兼而有之的：一个皇帝，需要树立奥古斯都大帝以来众人所期待的英明神武的形象；一个艺术家，按照贵族阶层的标准来说，不过是下九流。

对文学艺术的广泛涉猎和爱好，以及出色的口头和书面表达能力，算是罗马精英阶层良好的自我修养的一部分。尼禄的前任们也无一例外。苏维托尼乌斯在他的《罗马十二帝王传》（*De vita Caesarum*）里总是提到历代帝王在智识上的爱好。作为尤利乌斯—克劳狄乌斯王朝的始祖，恺撒就显示了全方位的才能：作为演说家，他的雄辩可与所有同时代的人匹敌；凭借《高卢战记》（*Commentarii de Bello*

---

[1] 根据塔西陀《编年史》第 14 卷第 63、64 章，尼禄与屋大维娅结婚之后，"一名女奴隶占了女主人的上风，而尼禄和波培娅的结婚竟把屋大维娅完全毁掉了。最后则是最难堪的命运，她受到了控告……她全身被绳索捆绑起来，四肢的血管都被切开；但是她的恐惧却不能使血液顺畅地流出来，继而她就被拖到极热的蒸汽浴室里去被窒息死了。更加可怕的残酷行径是她的头被割了下来，送到罗马去给波培娅过目"。

Gallico），他完全可以跻身一流作家之列；他还能写诗，不过，他颇有自知之明，从未公开过自己的手稿。

奥古斯都也尝试创作自己的诗歌，但随着后来的自我批判和审视而将手稿付之一炬。他自己发表的作品都是些"政治性"作品，如他的自传，及其在死后发表的《神圣奥古斯都功业录》（*Res Gestae Divi Augusti*）。他在书写后者时，可谓字斟句酌。在诗歌方面，奥古斯都更愿意扮演赞助人的角色。

提贝里乌斯，这位稳重的继任者，在拉丁语之外，还能用希腊语写诗，而且他像亚历山大城的饱学之士那样卖弄学问，炫耀自己对希腊神话中那些生僻的细节都了如指掌。据了解，卡里古拉没在这方面下过什么功夫，但他也想借着评价维吉尔（Vergil）和李维（Livius）这两位古典作家而附庸风雅一番，但即便是苛刻的塔西陀也不得不提及卡里古拉的演说才能。尼禄的前任克劳狄乌斯则是完全不同的另一类饱学之士。在意外成为卡里古拉的继任者之前的数十年里，他一直想成为一个名留青史的历史学家和古文物学者。当上皇帝之后，他能够回溯那些浩瀚的学术著作，其中不仅有关于罗马史的著作，还有关于伊特鲁里亚人（Etrusker）和迦太基人（Karthager）的历史作品。

然而，在尼禄同时代的人中，他的外祖父日耳曼尼库斯的名字总是一次次被人提起。人们总是津津乐道于他对希腊语的精通和他极其深厚的文学修养。阿拉托斯（Aratos）的《物象》（Phainomena）是希腊化时代一部包罗万象的天象学诗歌著作，日耳曼尼库斯对之极富水准的翻译留存至今。尼禄在希腊还能追寻一番外祖父的足迹。日耳曼尼库斯甚至在公元19年就去过亚历山大城（Alexandreia），那是后来尼禄从未到达的地方。日耳曼尼库斯对埃及的文物有着强烈的兴趣，以至他不顾提贝里乌斯的明令禁止到那里旅行。

从一开始，尼禄的兴趣爱好就超出了贵族教育传统的常规门类，不仅包括诗歌，还有音乐和雕塑，这些对于一个罗马贵族来说，从来都不是什么值得学习的技艺。与他的母亲相比，少年尼禄从自己最初的老师贝里卢斯（Beryllus）和阿尼凯图斯那里得到了更多的理解。这两位老师日后也从皇帝那儿得到了高官封赏，贝里卢斯负责帝国东部的机要信函往来，阿尼凯图斯则担任米塞努姆舰队的指挥官，并在上文提到的谋杀阿格里皮娜的行动中为皇帝效劳。公元 50 年，塞内卡被阿格里皮娜指定为尼禄的老师。塞内卡文学上的声誉，意味着他在教育尼禄时所承担的特殊使命，也暗示了母亲对尼禄的期望。塞内卡被要求尽量少教些哲学，这个事实后来几乎成了一种对塞内卡的攻击，谴责他因此把尼禄培养成了一个暴君。

从尼禄对自己爱好的执着追求来看，他和阿格里皮娜从一开始就展开了无声的斗争。一点也不像外界普遍认为的那样，阿格里皮娜完全掌控着她成长中的儿子。在尼禄还是个小男孩的时候，他就狂热而执拗地崇拜着那些著名的战车手。因此，关于这方面的谈话是被禁止的，尼禄的老师们也被要求遏制他对此的追求。人们很容易联想到，这可能是从他父亲那一脉传下来的不良基因。他那个在公元 16 年做过执政官的祖父就是一名狂热的战车手，曾因这一与他身份极不相称的癖好而被人议论。此外，在许多史料里，除了说到尼禄对音乐的热情，还总会提及他对绘画和雕塑的喜爱——对于这个年纪以及这个阶层的男孩来说，这是相当不同寻常的。

在尼禄即位之前，母亲显然成功地阻挠了他发展自己的爱好，而在当上皇帝之后，他试图立即夺回在这方面的自主权。除了避免极端尴尬的场面出现，布鲁斯和塞内卡也做不了什么，不过，他们也由此获得了作为顾问在政治决策上的一些自由空间。当时最出名的基塔拉琴歌手特尔普努斯（Terpnus）被召进宫，夜以继日地为皇帝唱歌，并最终向尼禄传授歌唱技艺。另一位时代"巨星"梅内克拉特斯（Menekrates）也应邀入宫。从此，尼禄便不懈努力，训练自己成为一名歌唱家。他训练严格，试图改善自己就专业角度而言并不完美的嗓音。为了开启一段名副其实的舞台生涯，他没有放弃职业艺术家应做的任何努力：为了增强肌肉力量，他在胸口放置铅板；不吃据说不健康的食物；甚至还服用了泻药，以期清理肠胃。这种种努力，都源于他难以抗拒的在公众面前表演的渴望，以及享受当之无愧的欢呼和掌声的欲望。

对于以上种种，虽然阿格里皮娜的反对立场始终都为人认可，但自公元55年以来，她的话语权越来越小。她的反对也不难理解，毕竟这些癖好与一个罗马精英的形象完全背道而驰。作为一个罗马贵族，就算你爱听职业乐师的表演，时不时还想玩个票，像这样追求自己的音乐爱好充其量也还维持在严格意义上的私人领域之内，即便如此都还可能招致批评。卡尔普尔尼乌斯·皮索（Calpurnius Piso），公元65年阴谋名义上的头目，也拥有基塔拉琴弹唱的才能，不过他足够谨慎，顶多只在自己的小圈子里亮一亮嗓。这也说明，尼禄对于艺术活动的热衷，在当时绝非孤例。奥古斯都早就颁布了相关的法律规定，禁止纨绔子弟登台表演或参加角斗士比赛这类有违身份地位的举动，然而并未完全奏效。不过，这种情况若是发生在大家族里对政治生涯毫无兴趣的"败家子"身上，人们还能勉强容忍，然而一旦发生在皇帝本人身上，就另当别论了。尼禄这种赤裸裸的登台表演的欲望，已然有损于他在政治精英中的威望，从长远来看，很有可能危及他的地位。尼禄也完全清楚自己破坏了基本的游戏规则，所以后来他说自己作为皇帝理应不受任何约束，也是意有所指。直到阿格里皮娜去世前，尼禄对艺术的爱好都还只是维持在私人消遣的范围内。这些兴趣爱好必定耗费了他大量的时间。文献中往往也会顺带提一笔他对绘画和雕塑的爱好，但没有进一步的细节可供参考。

尼禄的另一大消遣是战车比赛，这可是一项不无危险的活动。要驾驭好马车，需要大量的训练。后来在希腊，尼禄甚至能够驾驭十马战车。不过，在另一次比赛中，他从马车上摔了下来。在半昏半醒间，他想到的不是自己的健康，而是继续赢得比赛，甚至还惦记着如何佩戴优胜者的桂冠。

除了音乐，这位"艺术家"投入精力最多的就是诗歌创作了。尼禄的诗句符合当时的艺术品位，但可能远胜于前任皇帝们那些零星的警句。有些诗句写得非常出色，光这一点就足以解释为什么会有谣传指责尼禄热衷于剽窃他人的作品。根据塔西陀的记述，公元 59 年阿格里皮娜死后，尼禄举办宴会，召集有才华但未成名的文人清客。当他们想用新作的诗句在宴会上博得尼禄的关注时，尼禄就会仔细倾听，据说不久后就用到自己的诗作中去了。但其实塞内卡早在公元 51 年就提到过尼禄的诗歌才华，苏维托尼乌斯则更加坚决地维护了尼禄作为诗人的名誉。这位传记作者在皇室文献里找到了尼禄一些著名诗句的手稿，这些手稿都清楚地表明尼禄在诗歌创作上是独立的。

皇帝张罗着出版自己的诗作和歌谣，并冠以《君主御作》（*Liber Dominicus*，字面意思为"大师之书"）的显赫标题。公元 69 年，维提里乌斯（Vitellius）为了让自己受到宾客的欢迎，还鼓励别人演唱这本书里的作品。[①] 尼禄只

---

① 苏维托尼乌斯《罗马十二帝王传》第 7 卷《维特里乌斯传》第 11 章记载："一个弹唱者受到了欢迎。他〔维特里乌斯〕当众鼓励他演唱《君主御作》中的某部作品。当弹唱者开始演唱尼禄的歌词时，维特里乌斯第一个为他鼓掌，甚至高兴得跳起来。"

有极其少量的诗句流传了下来，其中最有名的莫过于一首称颂波培娅秀发的诗歌，以及一首关于特洛伊的叙事诗的残篇。但与这个题材通常的作品不同，作为一家之主的勇猛的赫克托耳（Hektor）并不是主角，反而他的弟弟帕里斯（Paris）被刻画成了英雄。

这位诗人皇帝有着雄心壮志，他计划创作有关罗马历史的诗歌，欲与维吉尔和卢坎（Lucan）一较高下。在正式创作之前，他让众人给他推荐了相关的作品，溜须拍马者立马给他献上了多达四百本的书。这也是个有趣的例证，可见布鲁斯和塞内卡要对付的是一群什么样的佞臣。

如此也就不难理解，为什么当时的人把阿格里皮娜反对尼禄发展艺术爱好也视作他弑母的一个理由。毕竟母亲一死，尼禄就首次以公开或半公开的身份登台表演基塔拉琴弹唱并参加战车比赛，还为自己寻找名正言顺的理由：荷马史诗里以及其他的古代英雄都是战车手；阿波罗是基塔拉琴弹唱艺术的守护神，这门艺术也由此显得高雅。没有阿格里皮娜的撑腰，塞内卡和布鲁斯现在别无他法，只能至少满足他两个愿望中的一个，而他们显然更倾向于战车比赛，因为这项军事化运动更显男子气概。

在台伯河（Tiber）的另一边，有个卡里古拉的私人赛马场，不对公众开放，如今为了供尼禄参加战车比赛，这里又被整修一新。然而没过多久，观众就被允许入场，给这位战车手皇帝送去了雷鸣般的掌声。又没过多久，战车手队伍中还出现了来自元老阶级的上层贵族。令塔西陀诧异的是，他们并非自愿参加，而是被丰厚的赏赐诱惑而来的。

公元 59 年，尼禄还举办了青年游艺会（Iuvenalia）来纪念自己第一次刮胡须。这种早先只在家族内部庆祝的活动现在变成了一项公共活动，其中包括希腊语和拉丁语的戏剧表演。有身份的男男女女也纷纷登台演出，但节目的水平参差不齐。身份显赫的资深元老登台表演，或是八十岁老妇跳舞时展现了超乎年龄的活力，都会引来嘲讽。到了最后，皇帝终于亲自登台表演。他小心翼翼地给基塔拉琴校了音，并在歌唱老师的指导下，找准了起调的音。

随后，安排好的喝彩声响起。从公元 59 年的青年游艺会开始，一个名叫"奥古斯提亚尼会"（Augustiani）的罗马上层青年团体成立了。他们模仿亚历山大城观众的风格提供各种声效的欢呼与喝彩，以此换来职业生涯的快速晋升。

随即在第二年，也就是公元 60 年，尼禄又创办了一场希腊式的赛会，并按照罗马人的惯例，设定为每五年举办一次，该赛会后来被冠以创办者之名"尼禄尼亚"（Neronia）。赛会的音乐部分[①]持续数日，以希腊传统为基础，包括诗歌朗诵和音乐表演。如果说这对于罗马人来说还算稀松平常的话，那么体育部分就一点也不"罗马"了，参赛者全都赤身裸体参加比赛——这让老派的观察者联想到传言中东方的同性恋恶习。

尼禄自己并没有上场比赛，这也许说明他在那时还有点判断力和自制力，心里明白自己作为皇帝在这种场合下抛头露面可能会带来负面影响。显而易见的是，尼禄试图援引奥古斯

---

① 古希腊、古罗马竞技赛会中的音乐部分，广义上还包括诗歌和演说。

都为纪念阿克提乌姆（Actium）海战 [①] 胜利而设立赛会（实际上只在希腊盛行）的遥远先例，来使自己新创立的赛会更加合法。尼禄随即被授予了两个头奖。他受宠若惊地接受了拉丁语诗歌和演说比赛的桂冠，但未接受基塔拉琴弹唱比赛的最佳表演奖，而是命人将这个桂冠放在奥古斯都的雕像脚下，想以此表明奥古斯都的雕像并不会因为歌唱比赛的奖项而蒙羞。皇帝的意图也被心领神会。

流传下来的史料总在强调尼禄那难以抑制的公开亮相的冲动，而人们却轻而易举地忽略了这个事实：在公元 60 年的赛会之后，尼禄等了很久，才获得一次完全公开露面的表演机会。直至

[①] 阿克提乌姆海战，公元前 31 年 9 月 2 日爆发于希腊西海岸的阿姆夫拉基亚湾（Ambrakischer Golf）附近，是屋大维与马克·安东尼（Marcus Antonius）之间的一场决定性战役。在这场战役中，屋大维在玛尔库斯·阿格里帕的帮助下，击败了马克·安东尼和古埃及托勒密王朝法老克利奥帕特拉七世（Kleopatra VII）的联军，从而确保了他在罗马帝国的唯一统治权。此后，屋大维把埃及降为行省，并划作皇帝的私人领地。后来，成为奥古斯都大帝的屋大维为了庆祝阿克提乌姆海战的胜利，举办各种庆典活动，建立新的城市，扩建阿波罗神庙，大肆宣传该战役在政治和宗教上的重要意义。

公元 64 年，他才像其他职业艺术家一样公开登上舞台，但不是在罗马，而是在深受希腊文化影响的那不勒斯。可见，对于在罗马公开登台表演的风险，尼禄自己也一清二楚。

尼禄的第一批观众中，有他在平民和军队中的追随者，有来自周边小镇满怀好奇的人，最重要的是还有那不勒斯的热情民众。即便剧院突然间因为轻微的地震而发生晃动，也不能阻止演出的进行。尼禄激动不已，他满怀热忱和信心，台下观众各种各样的欢呼声和掌声更是让他大为振奋。在那不勒斯最后的大彩排本

图 5　尼禄装扮成阿波罗神，手持里拉琴（Lyra），阿斯铜币（As），铸造于公元 64 年或 65 年

是为接下来去希腊更多地方演出做准备，原本计划的规模相当于公元66年开启的那场希腊之旅。尼禄本已在路上，但不知出于什么原因，他却决定留在贝内文托（Benevent）。

原定于公元64年将再次举办尼禄尼亚赛会，但那年夏天的熊熊大火使举办赛会显得不合时宜，所以延迟到公元65年举办。许多元老担心尼禄这次要亲自登台演出。第一届尼禄尼亚赛会召开时，元老院通过给他颁发各项桂冠，成功地满足了其愿望。这次尼禄想自己说了算。如果说这真的不仅是出于纯粹的表现欲的话，那么他或许还想向元老院宣示他拥有自主的决定权，并想借此机会在城内罗马平民中获得支持和好感，从而更胜元老院一筹。

尼禄在罗马的首次登台演出经过了精心的策划和准备。众人纷纷表示想欣赏皇帝那"神圣的嗓音"，尼禄回应说，他将在自己的花园里献唱。这时，正在执勤的禁卫军士兵也表达了对民众愿望的支持，而他们的请愿起了关键作用。直到此时，尼禄才授意将自己的名字列入登台献演的艺术家名单；他出场时的阵仗——两位禁卫军长官一同替他搬运乐器，后面跟着其他禁卫军军官以及通常情况下的那一大群随从——让人一眼就能看出，登台的是皇帝本人，而不是随便哪一个艺术家。宣布他登台演出的报幕员是资深元老克路维乌斯·卢弗斯（Cluvius Rufus）。即使在尼禄死后，他也仍然受人尊敬。他是尼禄时期的历史学家，并撰写过一部关于戏剧演员的作品。作为历史学家和作家，克路维乌斯·卢弗斯一直享有良好的声誉。后来的一些历史学家或作家，比如塔西陀认为，尼禄的表演糟糕透了，而卢弗斯的看法自然要宽容许多。

尼禄对自己艺术天赋的自豪或许不是完全的盲目自信：他死后，在东方冒出许多"假尼禄"，而且他们的演出总是门庭若市，这些人都必须是相当优秀的音乐家，不然很难取信于人。事实上，尼禄非常努力，掌握了表演各种各样剧目的技巧。苏维托尼乌斯提到了他的拿手角色，其中不仅有像"安提戈涅"（Antigone）这种比较经典的角色，还有一些令人不安的角色和剧目,如《分娩之痛中的卡娜珂》(*Kanake im Geburtswehen*),讲述的是卡娜珂在同自己的兄弟乱伦之后自杀身亡的故事;还有《弑母者俄瑞斯忒斯》(*Orest der Muttermörder*)和《自毁双目的俄狄浦斯》(*Der geblendete Ödipus*)这样的剧目。对于尼禄这样一个杀害自己母亲的人来说,选择表演这些剧目似乎不太明智。皇帝的这类表演迎合了老百姓的口味,使得罗马市民对他的喜爱有增无减。尼禄或许偶尔想用他的"艺术"与元老院的贵族对抗来获得政治利益。反过来,他的演出也越来越多地被用来甄别政敌。凡是像特拉塞亚·帕埃图斯(Thrasea Paetus)那样,逃脱了为皇帝那"神圣的嗓音"献祭的人,立刻就会被视为反对者。凡是不去观赏皇帝的演出,或者在聆听的时候流露无聊的神情甚至皱眉,又或者像后来的皇帝韦斯帕芗那样,在演出过程中打了瞌睡,都有被皇帝的明暗眼线发现的危险,并将承担一切随之而来的后果。

也有人揣测,尼禄积极举办希腊化的文体活动以及亲自登台演出都是为了教化民众,让那些迄今为止在罗马被忽视的希腊文化元素生根发芽。然而，依循他所选择的这种极其自我的方式，是难以实现这一目标的。最终，尼禄的艺术主要沦为了镇压政敌的工具。

第六章　皇帝与罗马人民

罗马统治者的一项重要任务就是关心罗马城内普通民众的福利。在《功业录》里，奥古斯都花费大量篇幅去书写他对城市平民的慷慨和体恤。他对贫困百姓的种种善举并非出于一腔赤子情怀，更多的是为了保证作为权力中心的罗马的安全和秩序。罗马共和国的最后几十年表明，通过动员不满的群众，可以施加多大的政治压力。因此，奥古斯都把从分发粮食到赠送现金等捐助和馈赠的权力垄断在皇族和一些忠实的追随者手里。如此一来，其他贵族就没什么机会利用城中罗马百姓对粮食供给或其他弊端的不满情绪，来实现自己的利益。

当时还没有现代意义上的警察，倘若有个体或小团体在公共场合表达不当的意见，皇家禁卫军就会出面维护公共秩序。相比之下，监管剧场或竞技场里大规模的匿名集会则要困难得多，不公开使用武力的话，基本上是管不了的。由于当时已不再有任何共和国式的政治集会，唯有在剧院和竞技场这样的场所可能存在相对自由的意见表达。也只有在这里，皇帝才可能偶然听到公众的意见和想法，而无法立即阻止或自我辩解。故此，剧院里的民意可能成为危急政治形势下的重要信号。因而，一项重要的政治任务就是规范甚至改善粮食供给以满足平民的期待，此外，还要通过举办各种庆典或赛会来堵住这部分民众批评的嘴巴。

罗马平民阶层组成了所谓的"无名的大众"，他们的意见在很大程度上可以被赤裸裸的恩惠左右，但并非总是如此。在本就危急的时刻，对公众舆论的错误判断可能会带来非常不利的后果。尼禄时期的一个例子就是，屋大维娅饱受人民爱戴，当传出尼禄与她重归于好的不实消息时，欢欣鼓舞的民众立马自发表达了内心的喜悦之情。另一个例子则是百姓对包税人①怨声载道，这使得尼禄不得不对这些控诉展开调查。当皇帝与政治精英产生矛盾的时候，博取这部分民众的欢心就变得尤其重要。

除了满足他们物质上的需求，民众对皇帝还有别的期待。这些期望倘若不能满足，便有可能酿成大祸。老百姓并不喜欢看到上层阶级，包括皇帝本人，明显表现出对个人享乐的拒绝。恺撒去世前最后几个月里犯的一个严重错误就是，在竞技场的包厢里，他仍在批阅公文，而没有观看眼前的血腥比赛。公众对此的不满情绪非常强烈，以至于恺撒只好顺应民意，放下公文。奥古斯都从这个错误中吸取了教训，对竞技场上发生的一切都表现出极大的兴趣。此后，观赏戏剧表演和竞技比赛成了奥古斯都所有继任者的一个必选项目。在剧院和竞技场里也给皇帝提供了机会，通过其包厢内的座次安

---

① 罗马帝国在税务管理上推行"包税人"制度。国家将某一种捐税按一定数额包给私人或团体征收，各行省的包税人，换句话说就是罗马的税务代理人，向当地百姓收集缴纳国家的税金，他们把事先协商好的定额税金交给罗马后，剩余的全归自己所有。

排来展现当下的权力格局，或者试探公众对于新的人事安排的反应。

尼禄压根不需要假装对竞技赛会和战车比赛感兴趣，他从来就为这些娱乐活动所吸引，并且远远超过了对于一个年轻贵族来说合适的程度。除此之外，尼禄还热衷于亲自探访这座城市里隐秘的欢愉，并乐在其中。在夜幕的掩饰下，他伪装成奴隶，努力了解关于罗马夜生活的一切。他似乎是第一个这么做的皇室成员。起初，他独自一人四处游荡，后来由于卷入过几次危险的斗殴，他开始在便衣禁卫军和角斗士的保护下出行。因此，尼禄可能是奥古斯都的继任者中最通晓罗马这座城市阴暗面的人。想当年，他的外祖父日耳曼尼库斯为了探察军队士气，就曾经乔装混入他率领的莱茵河军团。然而，并无迹象表明，尼禄穿梭于罗马的街区，是为了更好地体察民生疾苦。

与此相比，尼禄更乐于满足民众对奢华庆典的期待，像奥古斯都举办的那般奢华。为了突出这些"场面"的传统特性，尼禄下令安排骑士与元老分开列席，以凸显骑士阶层的特殊地位。尼禄所举办的那些赛会的铺张程度，并不比克劳狄乌斯时期的那些更耸人听闻。克劳狄乌斯对角斗士的死亡似乎有着虐待狂般的热情，对此欲罢不能。与之相比，尼禄则更少地举办角斗士比赛。或许人们可以感觉到他对此有自己的主意——如果说尼禄真有什么推动文化教育的想法，那就是在罗马引入希腊传统的竞技比赛。

尼禄在很小的时候就体会到，娴熟地利用与平民百姓的接触所产生的政治可能性。在阿格里皮娜精心安排的权力斗争中，尼禄在特洛伊游艺会上首次公开亮相，这是贵族青年较量马术的传统竞技赛会。他在比赛中收获的掌声和欢呼声（这或许完全是民众自发的）向克劳狄乌斯和他的心腹表明，日耳曼尼库斯盛名的光环仍然具有重要意义。

尼禄成年之时在元老院的亮相就已经说明了他的重要地位。与此同时，其帝位继承人的地位也通过给百姓捐赠粮食（congiarium）而得以凸显。公元53年，在尼禄与克劳迪娅·屋大维娅的婚礼之后举办的竞技比赛和斗兽活动，也帮助他进一步赢得了罗马百姓的爱戴。

直到最后，尼禄都一心想获得罗马人民的拥戴，这绝不仅仅因为他渴望得到欢呼声和掌声，他清楚地知道，比起赢得那些苛刻的元老们的支持，他更不能轻易失去公众的爱戴。后来诗人尤维纳利斯（Juvenal）曾讥讽道，普罗大众就需要"面包和竞技赛会"，有了这两样东西，公共秩序就有了保障。其实都不必等到尤维纳利斯这种批判式的揶揄来点明，奥古斯都早就意识到了大众的需求所在。在共和国衰落的危机年代，国都的粮食供给有时会采取集中化的监管方式，因为原本负责的高级政务官已无法完成任务。奥古斯都在很长一段时间内，都避免像庞培（Pompeius）在公元前 1 世纪 50年代那样拥有一人独揽的粮食供给（annona）权。他这样做，一方面是为了避免别人谴责他这是过分扩张自己的权力；另一方面，一旦管理不善，那么这一切都将归咎于他一人。然而，在他统治的几十年里，几次粮食供应危机最终使其意识到，这个关系着国都安危的核心问题最好还是纳入统治者的职责范围。在奥古斯都统治的最后几年，他任命了首位"粮食供给长官"（praefectus annonae）。奥古斯都的继任者必须密切注意粮船是否定期抵达，一旦无法如期而至，罗马很快就会发生骚乱。例如，克劳狄乌斯曾在一次粮食供应危机期间遭到示威平民的暴力袭击，他的禁卫军护卫好不容易才在情况进一步恶化之前把他救了出来。

因此，与前几任皇帝一样，尼禄毫不含糊地让罗马民众看到他对粮食供给的妥善管理。在危机时刻，他总能慷慨大方地妥善处理，而且他那些影响深远的建造工程中有一部分就是为了进一步改善粮食供给。在必要时刻，他总会伸出援手，用他取之不尽的财政资源去平抑价格或迅速弥补运输过程中的损失。一个非常明显的例子是，公元 62 年，尼禄曾巧妙地遏制了恐慌的发生。当时，300 艘粮船严重受损，大量变质的粮食必须被销毁。即便如此，粮食价格也并未上涨。毫无疑问，他采取了良好的预防措施，以至于 300 艘粮船的损失轻而易举地得到了弥补。也有人推测，公元 64 年他临时取消希腊之行，也是出于对罗马城粮食供应的担忧。

罗马百姓的粮食，特别是 20 万左右官方免费粮食领取者的粮食，主要是用运粮船从埃及和北非运来的。由于罗马没有自己的港口，船只大多停靠在奥斯提亚（Ostia）。在克劳狄乌斯统治期间，奥斯提亚港得到了扩建，并与台伯河连通，以方便粮食被进一步运往罗马。公元 46 年，这些工作进展得很顺利，但最终竣工于尼禄统治时期。新落成的港口被印刻在铸币上，意在昭告天下，尼禄是多么尽心尽力地履行他的职责。

公元 62 年的一场海上风暴表明，仅仅靠扩建港口并不能确保运输航线的安全。因此，尼禄开始着手推进恺撒时期的一项重大工程，以改善国都的粮食供给情况。恺撒曾打算用一条运河连通奥斯提亚南部的泰拉奇纳港（Terracina）与台伯河，而尼禄更进一步：大约自公元 64 年起，他开始推进连通普台奥利港（Puteoli）与台伯河的运河项目，因为从亚历山大城过来的粮船通常会停靠在普台奥利港。这些工作最迟进行到尼禄倒台之后才被搁置。元

图 6　奥斯提亚港，塞斯特尔提乌斯铜币，铸造于公元 64~68 年

说明：上面是灯塔，左右都是系泊设备，正中的是船只。铸刻文字为 Port(us) Ost(iensis) Augusti（奥古斯都·奥斯提亚港）。

老和骑士们抱怨他们在郊外别墅安宁的生活受到喧扰的牢骚，以及对该地区一些葡萄种植园品质下降的埋怨，倒是都没有成为阻碍这个项目进一步落实的因素。正是这些大规模建筑工程的存在（即便在尼禄统治的最后几年），使罗马城的百姓明显地感觉到，他们的皇帝并非只想着艺术。

直到尼禄统治的最后几周，他依然在各阶层民众中备受拥戴，因为他们特别重视对粮食供给的保障。当时尼禄在希腊得到了"动乱"

的消息，而不得不提前返回。这场"动乱"的发生并不是因为他怠慢了罗马的平民百姓，而是由于北非的事态发展超出了他的控制范围：北非地区的行政长官兼军团指挥官（Legat）克劳狄乌斯·玛凯尔（Clodius Macer）已经为自己打起了算盘。如果说从公元 68 年春天起，粮食供给就出现了问题，那是因为当时北非的运粮路线开始受阻。塔西陀从来没有把粮食供给问题算作加速尼禄倒台的因素之一。

只有在临近他统治终结的最后几周时间里，尼禄才连罗马人民都不再指望了。每时每刻都能在公共场合听到抗议的声音，比往常的那些欢呼声更加响亮，就连他在罗马城内招募人马的几次尝试都惨遭失败。尼禄可能没有正确地认识到这一点。就在临死前，他还想着向罗马人民发表演说以寻求支持。

后来，胜利者伽尔巴以一副不合时宜的老古板姿态入主罗马。没过多久，尼禄慷慨、亲民的形象就在百姓的回忆中不断得到美化。尼禄死后的人气并未止于伽尔巴在位期间，在公元 69 年奥托和维提里乌斯统治时期仍然出乎意料地持续了很长时间，以至于这两个继任者不得不考虑做些什么来调整局面。奥托通过模仿尼禄的服装和发式来表达他对这个死去的前代皇帝的敬意，最终还在自己的头衔里加上尼禄的名字，并将一大笔钱用于筹建"黄金屋"（Domus Aurea）——他认为，通过这些措施可以巩固自己在国都的地位。就连曾经陪同尼禄游历过城市夜生活的维提里乌斯也认为，不能完全无视尼禄的拥护者。他在战神广场（Marsfeld）为尼禄举行了一场祭奠仪式。在欢愉的社交场合，他偶尔也会请求别人表演尼禄的歌谣集《君主御制》里的作品。只有到了韦斯帕芗时期，这样的追忆才算终结。同时，人们也很识趣地不去过分夸奖他的儿子提图斯的音乐天赋。

所以，在赢得国都百姓的爱戴上，尼禄的做法是相当成功的。这种人气具有重要的政治意义是毋庸置疑的，即便对于那些前代皇帝来说也是如此。但如果把在剧院里赢得百姓的掌声和欢呼看得比在政治和军事精英中拥有威望重要，就大错特错了。

第七章　帝国的行省

罗马皇帝既要顾及各行省的福利，又肩负着积极扩张帝国版图的使命——这是每一个罗马人都能从《神圣奥古斯都功业录》里读到的，它被镌刻在王朝开创者陵墓的铜板上以流传千古，这也是奥古斯都对后世继任者们的提点。奥古斯都几乎掌握了所有行省的第一手资料，提贝里乌斯也是如此。卡里古拉至少还打算对不列颠采取军事行动，就连不好战的克劳狄乌斯也在不列颠组织了一场战役，为自己赢得了些许军事上的名气。为了纪念这场战役的胜利，他的儿子取名为"不列塔尼库斯"。

与他们不同的是，尼禄在公元 66 年之前一步也没有离开过意大利本土。一方面，他出于私心，为了发展自己的艺术爱好，回避了罗马的所有军事传统；另一方面，他认为，君王不用亲临也能监管行省。此外，在克劳狄乌斯远征英格兰之后，看上去没有任何一个战场是如此的重要或危急，以至于皇帝有必要御驾亲征。直到尼禄统治后期的高加索（Kaukasos）战役计划才表明，即便是尼禄也不会且不能忽视率军征战是罗马君王公共责任的一部分。

罗马的"外交政策"至少在尼禄统治的最初几年里，都还掌握在塞内卡、布鲁斯和其他资深顾问的手中。其间，不但军事问题暂时被边缘化（以期实现所有边界的和平安定），而且让人感到意外的是，行省的管理问题也未在尼禄的"执政宣言"中提及，毕竟塞内卡和布鲁斯都来自行省。尤其是作为斯多亚派学者的塞内卡，通常被认为可能会特别关心这方面的事务。但没有任何记载显示，他曾致力于这方面的顾问工作。

自奥古斯都以来，各行省的管理总体上比

共和国时期要好。像西塞罗（Cicero）控诉过的维勒斯（Verres）这种臭名昭著的大肆榨取民脂民膏之人，已不复存在。当然，行省管理者中总是不乏中饱私囊之徒，但大约到了奥古斯都或提贝里乌斯统治时期，那些贪得无厌之辈就已清醒地意识到，共和国时期的那种过度盘剥是不会被容忍的。

在尼禄统治时期，有一连串营私舞弊的事件威胁着行省百姓的福祉。有的渎职者因皇帝的干预而逃脱了罪责，因为皇帝欠他们人情。或许另一个可以为尼禄开脱的理由是，在许多情况下，元老院自身都不太热衷于给自己阶级的贪赃枉法者治罪。

几乎不会有哪个行省长官会在任期内变穷的。只有极少数元老抱有理想主义情怀，认真对待托付给他们的百姓，并忍受来自同阶层的人对自己恪守原则的讥讽。那些秉公执法且毫不掩饰的人，必然会引人注目。比如后来的皇帝奥托，在卢西塔尼亚行省时忠于职守，完全超乎他那些罗马夜生活玩伴的想象。

驻扎在各行省的军队遍布全国，而并非

所有的卫戍部队都在他们的野战军营里。所谓"罗马治世"（Pax Romana），实则是一段武装守卫之下的和平时期。在尼禄统治时期，这种"和平"曾在三个地方受到过威胁：不列颠、亚美尼亚（Armenien）和犹地亚（Iudaea，即犹太地区）。其中，犹太地区的动乱，直到公元68年尼禄倒台也仍未得到解决。

由于恺撒的征战，不列颠地区已经成为罗马帝国疆域扩张的一个重要目标。恺撒在公元前55年和公元前54年对英格兰南部（Südengland）的入侵，只不过是罗马帝国占领这座岛屿的第一步——就连恺撒本人在向元老院报告时也信心满满地用了这样的表述。到了奥古斯都时期，他只限于对亲罗马的南英格兰国王使用自己娴熟的外交手腕，而提贝里乌斯更关心那些比征服遥远的不列颠更加紧迫的事情。卡里古拉由于一直没有取得军事上的功绩，曾认真考虑过入侵不列颠岛，光是需要横渡并"征服"大海就十分吸引他了，但不知出于什么原因，他刚刚行军到海岸边就止步不前了。

就连克劳狄乌斯也需要证明自己的军事能力。实际上，进攻阶段的风险全都留给了奥路斯·普劳提乌斯（Aulus Plautius），而在帝国后来的官方宣传里则把皇帝克劳狄乌斯塑造成了亲自率领军队、面对不列颠的抵抗而竭尽全力指挥作战的统帅形象。只用了短短十六天的时间，克劳狄乌斯就奠定了罗马人最终获胜的战局，终于在公元 44 年，得以庆祝罗马成功征服不列颠，将其作为罗马帝国的行省。可靠的傀儡国王要负责抑制和削弱其他部族独立的呼声。

尼禄时期，将军们的任务是守住已经获得的领土，只在有利机会面前攻占新的土地。狄迪乌斯·伽路斯（Didius Gallus）受命于克劳狄乌斯，他满足于维持现状。尽管这会受到同时代人的嘲笑，但能守住固有领土也已经是一项十分艰巨的任务了。继任的将军昆图斯·维拉尼乌斯（Quintus Veranius）还曾决心拿下威尔士（Wales），但却死得太早。他的继任者盖伊乌斯·苏维托尼乌斯·保里努斯（Gaius Suetonius Paulinus）是个野心勃勃的军事家，十分渴望能与东部地区战功赫赫的科尔布罗（Corbulo）相匹敌。公元 60 年，伊凯尼人（Icener）[生活在今天的诺福克（Norfolk）和沙福克（Suffolk）地区的一个部落] 起义的消息阻断了罗马人进军威尔士的步伐。伊凯尼国王普拉苏塔古斯（Prasutagus）对罗马人的传统风俗和礼节持有比较乐观的判断，他把尼禄立为自己女儿们之外的共同继承人，希望以此保住她们的地位。然而，普拉苏塔古斯的让步换来的却是悲惨的下场。伊凯尼从此沦为罗马的一个行省。当地的罗马人开始用各种可以想象的手段欺压和蹂躏普拉苏塔古斯的遗孀布狄卡（Boudicca）和他的女儿们。罗马人的这种暴行在很短的时间内就导致了伊凯尼人及其同盟的揭竿而起。有一种说法是这样的，不过难以得到证实：起义的导火索不仅是基层罗马士兵和军官的胡作非为，还包括罗马投资人对伊凯尼人债务不合时宜的追讨——据说，塞内卡也在其中。可是，一方面，斯多亚派学者并不是不被允许做放贷生意；另一方面，这位哲学家的反对者们虽乐此不疲地对他横加指责，但塔西陀在相关记述中却对此只字未提，这也是反对塞内卡在这些交易中负有罪责的一个佐证。

苏维托尼乌斯·保里努斯遭到了激烈的抵抗。叛军是由一名女性领导的——布狄卡，她有着惊人的勇气和决心。当罗马军官们目睹这位女王驾驶战车驰骋沙场的时候，他们可能会想起在学校里读过的那些古老史诗。卡姆罗杜努姆（Camulodunum）、伦蒂尼翁（Londinium）和维鲁拉米翁（Verulamium）被起义军占领，罗马平民损失惨重。许多罗马商人不得不为他们在那里迅速聚敛的财富而付出代价。公元61年，苏维托尼乌斯·保里努斯得以将布狄卡和她的部队击溃。这位女王的斗争终究还是回天乏术，就像之前的克利奥帕特拉（Kleopatra）一样，她为了避免被罗马人在凯旋游行（Triumph）中公开羞辱而服毒自尽。

在随之而来的冬天，罗马军队仍旧没有停歇，而是时刻保持备战状态。苏维托尼乌斯·保里努斯对士兵的严厉程度并不亚于帝国东部边境的科尔布罗。行省财务管理官（Procurator）德奇亚努斯·卡图斯（Decianus Catus）由于管理不善而引发了叛乱，接替他的盖伊乌斯·尤利乌斯·阿皮努斯·克拉西奇亚努斯（Gaius Iulius Alpinus Classicianus）熟谙西部地区的情况，是罗马化的上层特雷维里人（Treverer）[①]。他写给罗马的报告促使尼禄亲自出面干预。为了回应他对苏维托尼乌斯·保里努斯的不实指控——至少塔西陀是这么写的，公元 61 年，尼禄派来的不是高级别的元老，而是被释奴波里克利图斯，以解决当地的问题。

尼禄因此遭到非议，说他像克劳狄乌斯那样给了被释奴太多的权力。波里克利图斯想必是个很有能力的人，尽管他此行可能激怒了苏维托尼乌斯·保里努斯和罗马传统的"拥护最

---

① 特雷维里人（拉丁语为 Treveri）是生活在高卢东北部、莱茵河中游一带的一个凯尔特人部落。根据恺撒的《高卢战记》，特雷维里人素来与罗马有着良好的关系。在奥古斯都统治时期，特雷维里人的领地被划为比利时高卢行省（Gallia Belgica）的一部分。公元前 19 年前后，阿格里帕在他的第二个行省总督任职期内，在包括特雷维里人领地的高卢地区贯彻实施了影响深远的行政政策和具有军事战略性的调整管理。从此，特雷维里人越来越罗马化。

高统治权的"^①元老圈层，但其还是贯彻了皇帝的指示，即军事行动的时代已经结束了；但苏维托尼乌斯·保里努斯并没有立即受到羞辱。直到一年之后，当一个可以接受的时机出现时，他才被佩特罗尼乌斯·图尔皮亚努斯（Petronius Turpilianus）取代。佩特罗尼乌斯的任务就是必须确保当地的和平。尼禄尤其可以指望他——公元65年，他因粉碎"皮索阴谋"有功而获得了"凯旋者"（Triumphator）^②荣誉勋章。

围绕亚美尼亚王国的危机持续了多年，从公元53年至64年，它一直是罗马帝国东部政

---

① 此处原文为"imperialistisch"，在当时的历史语境下，应该与"imperium"一词直接相关。imperium源自拉丁文imperare，意为"统治、命令、指挥"，是罗马共和国时期及帝国时期政治体制中的重要概念。"imperium"指的是高级政务官（Magistrate）所拥有的职权范围。拥有"imperium"的高级官员在其职权管辖的地理空间范围内，几乎拥有绝对的统治权，或者说拥有最高权力。在行省内，波里克利图斯的到来在某种程度上挑战了苏维托尼乌斯·保里努斯在军事指挥权上的"imperium"。

② Triumphator（拉丁语为vir triumphalis），意为"凯旋者"或"凯旋英雄"，与罗马神话和半神话的历史有关。从罗马共和国时期开始，该荣誉头衔通常被授予在军事上获得杰出成就的人。

治的焦点。古代文献里并没有确凿的证据表明，在对亚美尼亚的基本政策制定上，尼禄有过个人贡献。不过，尼禄对不列颠战区事务的积极干预让人有理由推测，从公元 60 年起，其在基本的外交政策问题上持有自己的观点，尽管一会儿一个想法。亚美尼亚问题最终通过外交手段得以解决，使得尼禄能够在公元 65 年进行一场宏大的政治表演，向世人展示他那不完全依赖于军事决定而取得的政治成果。

亚美尼亚位于罗马帝国和帕提亚之间，鉴于这个地理位置，它对罗马人和帕提亚人（Parther）关系的发展具有特殊的重要性。奥古斯都并不认为帕提亚人带来了足够大的威胁，所以并未重启恺撒被刺杀前制定好的对帕提亚人的作战计划。虽然罗马公众对征战有所期待，但他最终还是决定以外交方式来处理罗马与帕提亚的关系。

亚美尼亚被视作罗马的附属国，但奥古斯都和他的继任者们并非总能成功地指定一个忠于罗马的国王。罗马对亚美尼亚施加影响的诉求当然不会因为这些挫折而减弱。在克劳狄乌斯的统治即将结束时，也即公元 52 年，发生了始料未及的权力更迭。亚美尼亚宫廷的一场叛乱导致了帕提亚人的入侵，而当地为数不多的罗马军队也没能抵挡住。

克劳狄乌斯死后不久，罗马就得到消息：亚美尼亚被帕提亚国王沃洛伽西斯（Vologaeses）的兄弟提里达特斯（Tiridates）占领了。由此可见，帕提亚人对亚美尼亚土地的垂涎已然让罗马的传统存在受到威胁，罗马再也不能按兵不动了。罗马皇帝的职责之一就是确保帝国边境的安全，并维持对周边国家的影响力，这是不言而喻的。公元 55 年，能征善战的格奈乌斯·多米提乌斯·科尔布罗（Gnaeus Domitius Corbulo）受命重新夺回罗马对亚美尼亚的控制权。民众认为，重用这位如此能干的将军是皇帝自信的表现。其实，比起三年后委派波里克利图斯前往不列颠的决定，尼禄本人并没有直接参与这一决定。科尔布罗被授予了管辖面积极广的指挥权，他从几个行省抽调了一些兵力，集结在卡帕多奇亚（Kappadokien），为战争做准备。附属国的傀儡国王们也参与了军事计划的制订。

经过长时间的备战，直到公元 58 年，科尔布罗才发起进攻。他的作战目标并不是铲除提里达特斯，而是以尼禄的名义向他提议：只要承认罗马的宗主国地位，他就能保住王位。帕提亚国王的这位兄弟拒绝了这一提议，而宁可选择逃亡。

罗马方面正在寻找一名合适的接替者，为目前空缺的亚美尼亚王位挑选一名有利于罗马的候选人。尼禄是否参与其中，我们不得而知。但可以肯定的是，他认识被选中的提格拉尼斯（Tigranes）。提格拉尼斯的父亲是早前一位由罗马指定的失败的国王，他本人长期留在罗马做人质，被当作死心塌地地服务于罗马的一枚政治棋子。为了保全他的地位，罗马给他配备了一批精兵强将。与此同时，毗邻的王侯们也被赠予了亚美尼亚边境的一些土地，以争取他们对领地的保护。

然而，提格拉尼斯一到亚美尼亚就犯了错误：他攻打了阿狄亚贝尼（Adiabene）从而侵犯了帕提亚人的利益，因为帕提亚人认为这是他们的领土。令人意外的是，当地的罗马顾问竟然没能阻止提格拉尼斯的这次冒险行动。沃洛伽西斯把他的兄弟、被驱逐的提里达特斯派往前线与提格拉尼斯作战，他自己则在后方的叙利亚示威，以牵制住科尔布罗向亚美尼亚的进军。

沃洛伽西斯的政治原则之一就是尽可能避免与罗马人公然发生军事冲突。一旦科尔布罗向他提供这种可能性——既能避免罗马人进军又可保存自己的颜面，他就会接受这一提议，并派外交使节前往罗马，就亚美尼亚的王位问题进行谈判。关于公元 62 年初在罗马的谈判，我们只知道，特使们没有取得任何成果就回去了。此时，恰是布鲁斯去世的时候。

如果说，科尔布罗在亚美尼亚危机之初就接到了指示，要他保持外交上的谨慎，而实际上他也是这么做的，那么新上任的卡帕多奇亚和加拉提亚（Galatien）地区的行政长官兼军团指挥官凯森尼乌斯·帕埃图斯（Caesennius Paetus）却公开谈论罗马对亚美尼亚直接统治的好处。他如此嚣张的言论激起了帕提亚人的进攻，而他却没能抵挡住。科尔布罗虽派兵解救，但却无济于事。帕埃图斯出人意料地迅速投降，并与帕提亚国王达成协议，让战败的罗马军队撤出亚美尼亚。沃洛伽西斯仍然保持着温和的态度，想再次就罗马承认他的兄弟为亚美尼亚国王进行谈判。

科尔布罗没有进一步采取行动来夺回亚美尼亚。这种克制的姿态符合自奥古斯都时期以来就开始奉行的东方政策的基本原则。尼禄也不想卷入正面的军事对抗，因为即使是在距离如此遥远的战场上也必须小心谨慎。

公元 63 年初，沃洛伽西斯的使臣来到罗马谈判，提出如果提里达特斯被认可为法定的国王，他便会归顺于罗马，向罗马寻求庇护。此时，皇帝的顾问们大吃一惊。朝中众人对局势的了解完全基于帕埃图斯粉饰太平的报告。于是，陪同帕提亚使者前来的一名叙利亚军团的百夫长（Centurio）受到询问，他向瞠目结舌的先生们叙述了罗马军队失利并撤离亚美尼亚的真实情况。

尼禄并没有和他的被释奴商讨此事，而是咨询了元老院顾问们的意见。罗马方面知道，沃洛伽西斯希望避免与罗马人发生重大冲突，因此，在战区全面部署兵力，被认为是强调罗马人意愿的绝佳手段。沃洛伽西斯方面，则在外交手段上寻求出路：在难以估量的战争爆发之前，双方都能接受的折中方案正如之前所提议的，提里达特斯愿意在尼禄立像前放下他那象征着国王地位的头饰——王冠，并郑重宣布，直到他在罗马从尼禄手中接过王冠之时，他才会再次戴上它。对于身为帕提亚人的提里达特斯来说，这是一种不同寻常的谦卑姿态。另外，他未来的亚美尼亚臣民也早已习惯了他们的统治者依附于罗马的支持。

双方终于在公元 63 年达成了协议，但提里达特斯随后却花了相当长的时间才启程前往罗马。他先是找了他的兄弟帕提亚国王，准备行程并商讨后续的和谈条件。在此期间，他把自己的一个女儿留在科尔布罗那里作为人质。尼禄也利用提里达特斯到来之前的这段时间争取舆论导向——把军事上的胜利作为这场漫长战争的结果传达给罗马民众，这一点很重要。为了庆祝战争的结束，亚努斯（Ianus）神庙的大门将会庄严地关闭，以示在罗马人的统治下广袤疆域的和平。与此同时，也没有人愿意谈论罗马在东方的地位已被削弱的事实。

提里达特斯从亚美尼亚出发，历时九个月，于公元 66 年夏天抵达意大利。据说，这趟旅程每天要耗费 80 万塞斯特尔提乌斯铜币，这几乎相当于当时一名元老的财富水平。旅行团无论到哪里，当地的权贵们都必须表现他们的慷慨，因此，这次旅行对于提里达特斯经过的行省来说也是一种负担。随行的有帕提亚贵族，也有罗马人，其中就有科尔布罗的女婿阿尼乌斯·维尼奇亚努斯（Annius Vinicianus）。根据事先的商议，提里达特斯无须拜访各行省的行政长官，甚至还将享受执政官级别的元老的待遇。这次旅行之所以行进缓慢还有一个原因：作为密特拉神（Mithras）的信奉者，提里达特斯拒绝海上航行 ①——越过赫勒斯滂海

---

① 塔西陀《编年史》第 15 卷第 24 章指出，"提里达特斯所担任的祭司职务方面有一些禁忌"。文中注释做了具体说明："因为他本身是玛哥斯僧，所以他拒绝渡海。'因为精通魔法的人照例是不允许向海里吐痰或是用人身不可免的其他任何排泄物玷污海水的'（普利尼：《自然史》，第 30 卷，第 2 章，第 16 节）。"

峡（Hellespont）是个例外。他一路骑马完成了整个行程，身旁的妻子也是骑在马背上。她没有用通常的面纱来遮掩面容，而是戴着头盔来抵挡侵扰的目光。随后在意大利境内的线路也是由尼禄事先定好的。抵达意大利北部（Oberitalien）之后，提里达特斯坐上备好的双驾马车，但并未直接赶赴罗马，而是接到指示，前往皇帝最喜欢的城市那不勒斯，与尼禄会合。

提里达特斯奉命在那里向罗马霸主致敬，但他有一个条件：即使在尼禄身边的这段时间里，也允许他不取下佩刀，当然刀会被钉在刀鞘里而无法拔出。尼禄和提里达特斯一同从那不勒斯出发前往罗马，途经普台奥利。在那里，皇帝的被释奴、有钱的帕特罗比乌斯（Patrobius）斥巨资组织了角斗士比赛。据记载，其间提里达特斯证明了他作为一名弓箭手的高超技能。据说，他一箭射死了两头公牛。那些喜欢激烈场面的观众一定会兴奋不已。

国都广场上最核心的仪式环节已做了最精心和充分的准备。还在夜里，观众即已经就位，士兵与平民分开就座。拂晓时分，尼禄穿着罗马凯旋英雄的盛装，在元老们和禁卫军的陪同下出现。他在广场演讲台的官椅上一就座，提里达特斯和他的随从们就从禁卫军的两列护卫队中穿行而过，向皇帝致敬，并把他当作密特拉的化身："主人啊，我是阿尔沙克（Arsakes）的后人，是沃洛伽西斯国王和帕科鲁斯（Pakoros）国王的兄弟，但现在我是你的奴仆。我来到你的面前，是为了像敬拜密特拉一样敬拜你。我会成为你所选定的人，你就是我的福祉和命运。"皇帝威严地回答道："你做得很好，亲自来到这里，以当面领受我的恩典。你的父亲没有留给你的、你的兄弟们没有交给你并为你守住的，我现在就赐予你。我封你为亚美尼亚的国王，让你和他们都知道，我有权力将王国夺走，也有权力将其送予他人。"［卡西乌斯·狄奥（Cassius Dio）《罗马史》（Historia Romana）第63卷第5章第3节］

　　即便是持怀疑态度的记述者也认为，这一幕政治表演是尼禄统治期间的一大辉煌时刻。

11 次高呼尼禄为"英白拉多"（Imperator）①，意即"凯旋统帅"，也是安排好的展示项目——借此把亚美尼亚问题的外交和解巧妙地评价为沙场上的胜利。尼禄把外交和解粉饰成军事胜利的最后一步是，他决定在自己的名字前加上"Imperator"，将此作为他与罗马传统紧密相连的最高标志。

提里达特斯带着丰厚的赏赐踏上了归途，为了加快返程的速度，这一次他完全不畏惧海

---

① 拉丁语 Imperator 和前文的 imperium 在词源上来自动词"imperare"，意为"统治、命令、指挥"。Imperator 作为一个头衔，在罗马共和国时期，一开始被用来指称"具有军事指挥权的高级政务官"，后来在共和国晚期的内战中，渐渐成为授予军事指挥官的一种荣誉头衔。当重大的战争获得胜利之时，战场上的大军会高呼他们的指挥官为 Imperator，即"凯旋将军"或"凯旋统帅"，而在凯旋庆典或凯旋游行中通常也会欢呼获胜归来的将领为 Imperator。到了帝国时期，这个头衔仅限用于在任的皇帝，尽管它仍然延续了共和国时期的意义被用作胜利将领的头衔，但只能被赠予皇帝（一开始还包括少数皇室成员），哪怕皇帝本人未曾亲自统领过获胜的大军。自尼禄始，Imperator 几乎成了罗马皇帝的固定头衔。Imperator 是大多数罗曼语系里"皇帝、帝王"一词的词源，法语 empereur、英语 emperor，皆源于此。由此可见，到后来的帝国时期，"英白拉多"或"凯旋统帅"这个头衔，不同于"凯旋者"（Triumphator）的头衔，更多了一层影射"拥有最高权力的帝王"的政治意味。

上航行，并宣布把罗马人摧毁的亚美尼亚都城阿尔塔克沙塔（Artaxata）更名为"尼禄尼亚"（Neronia），这让大批的罗马工匠代表团纷纷前来重建这座城市。直到公元72年阿兰人（Alanen）入侵之前，他在亚美尼亚的统治都未受到任何威胁。如此，这个多年来一直饱受威胁的帝国东部边境地区，现在似乎终于得到了保障：与帕提亚人的妥协保证了这个地区的稳定。公元66年夏天，公众对亚美尼亚人宣誓效忠罗马的这场典礼的反应增强了尼禄的信心，让他有把握认为，自己长期离开罗马和意大利也没有什么问题。

在现代观察者看来，这本是对罗马绝非有利的局面，只不过被巧妙加以修饰和利用，而在帝国东部却没有人认为，这实则暗示了尼禄统治的外强中干，即在政治或军事上是有机可乘的。自公元66年举办了这场庆典以来，尼禄在东方享有无可争议的高人气，尤其是在帕提亚人中。尼禄很清楚这一点——在他统治的最后几天里，帕提亚人那里甚至在他看来是最后的避难所。

帝国东部边境的另一边，犹太危机正在发酵，而尼禄只经历了这一危机的开端。他任命韦斯帕芗为犹太战场的指挥官，这一决定的后果在当时是没有人能够预料到的。当把韦斯帕芗从希腊调往犹地亚时，尼禄选择了一位在军事上有经验的军官，但由于韦斯帕芗只是骑士阶层出身，尼禄不用像惧怕科尔布罗那样忌惮他有更大的政治野心。据说，就在他受命前不久，韦斯帕芗还惹得龙颜不悦，他在尼禄的一次演出过程中没能挺住，打了瞌睡。

公元 70 年圣殿被毁事件对于后来的犹太人历史来说，是一个划时代的转折点，而这最初在罗马人眼里并不是一个特别的威胁。由于希律王（Herodes）后代长期的管理不善，犹太人的土地在公元 6 年被奥古斯都划为罗马的一个行省，由一位骑士阶层出身的行政长官即所谓的行省总督以及少量的辅助部队负责管理。当臭名昭著的庞提乌斯·彼拉图斯（Pontius Pilatus）被调往犹太地区时，他的职业生涯并没有出现特别的跃升。设立这种级别的行政区（Praefectur）说明了罗马对犹太地区有着怎样的初始判断：撒丁尼亚岛（Sardinien）、科西嘉岛和伊比利亚半岛（Iberische Halbinsel）的荒蛮地区，在当时也是类似的行政区——这些地区的民政事务处理起来难度大，又没多大意义。即便很快事实就证明，犹太地区的行政管理并非易事，然而罗马方面却在行省总督的人选上没有什么好运。克劳狄乌斯就曾委派来自亚历山大城的提贝里乌斯·尤利乌斯·亚历山大（Tiberius Iulius Alexander），他已经放弃了犹太教信仰，这自然不会让那些虔诚的犹太人感到高兴。而公元64年盖西乌斯·弗洛鲁斯（Gessius Florus）之所以能得到这个职位，并非因为他具备什么特殊的职业能力，而是由于他的妻子与波培娅良好的私人关系。事实上，他完全不适合这个职位：他有着希腊血统，并且毫不掩饰自己对居住在犹太地区的希腊人的支持和偏爱。起义最终的导火索就是，在希腊人与犹太人对凯撒里亚（Caesarea）的影响力之争中，弗洛鲁斯行事贪腐；后来为了抵付欠税，他没收了供奉在圣殿的财宝。公元66年夏初发生了第一波暴力袭击事件——这差不多也是提里达特斯在罗马受到接待之时。不久之后，耶路撒冷的一部分祭司决定不再举行受罗马皇帝之托的传统献祭仪式。当犹太人内部为这一决定发生争执，有辅助部队的罗马军人被杀害的时候，战争在所难免。叙利亚的行政长官塞斯提乌斯·伽路斯（Cestius Gallus）未能掌控局势，在公元66年多次惨遭挫败，最终迫使尼禄不得不采取行动。

最迟在公元67年春天，韦斯帕芗在希腊接到委任，他等了多年才得到这个与自身能力相匹配的指挥权。当时，他是尼禄希腊之旅的随行人员，并受到佞臣们的刁难。韦斯帕芗在指挥作战的头几个月里就取得了辉煌的战绩，犹太战俘被送往科林斯（Korinth），帮忙修建地峡运河。

尼禄从未料想到，这个未来战胜犹太人的胜利者会产生更大的野心。按照当时的观念，韦斯帕芗根本不可能成为权力的争夺者。只有后来的作者才会写到，尼禄由于害怕韦斯帕芗夺权而担惊受怕、噩梦连连——这其实是一种文学上的报复，因为韦斯帕芗在希腊时也曾对尼禄和他的佞臣们心怀畏惧。

第八章 罗马大火

公元 63 年，尼禄的女儿克劳迪娅·奥古斯塔（Claudia Augusta）出生没几个月就夭折了。自此以后，尼禄变本加厉地挥霍财物和制订冒险计划，以寻找慰藉。公元 64 年初，在那不勒斯，他在舞台上给了自己比以往任何时候都更多的自由。不像在罗马时那样只在自己的花园里表演，在这里，他第一次在公开场合肆无忌惮地抛头露面。那不勒斯是尼禄最喜爱的城市，因为它深受希腊文化影响。与此同时，皇帝也时刻不忘自己地位的安稳。托尔夸图斯·西拉努斯（Torquatus Silanus）由于与奥古斯都有远亲关系而成为尼禄潜在的竞争对手，他喜欢赐予家仆们类似皇宫中被释奴的官衔，这种特殊嗜好更是让尼禄眼里容不下他，故而被勒令自杀。

尼禄在那不勒斯的登台演出可以说是为了日后举办更盛大的活动的一次总彩排。如前所述，尼禄正计划前往希腊，但被临时推迟了。他原本计划随后访问东部行省和亚历山大城。埃及方面也已经接到了建造任务，要为这次备受瞩目的高层造访兴建浴场。在那里逗留过的上一名皇室成员是尼禄的外祖父日耳曼尼库斯，他在那里尽享人民的爱戴，这让严厉的提贝里乌斯很是恼火。①

为了安抚百姓对皇帝长期不在国都的忧

---

① 根据塔西陀《编年史》第2卷第59章："日耳曼尼库斯到埃及去参观古迹。不过在表面上，他此行的目的是为了关心行省的安全。实际上，他也确实用开放国家粮仓的办法压低了粮价，并且执行了不少获得人民群众好感的措施。［……］提贝里乌斯对他的衣着和作风给了温和的批评，但是对于他之未经皇帝的许可便进入了亚历山大，从而违背了奥古斯都的遗训一事，却作了极为严厉的谴责。原来作为保持专制统治的秘密手法之一，奥古斯都曾禁止任何元老或高级骑士进入埃及，除非是得到了他的许可。他通过这种做法封锁了埃及，以便不使任何一个人［……］企图通过控制这一行省以及海上和陆上的枢纽地点而陷意大利于饥饿之地。"

虑情绪，尼禄向罗马人民颁布了诏书：他不会离开罗马太久，一切都会井然有序。然而，就连这趟旅程也未能成行。官方的说法是出现了不祥的征兆，或者仅仅是因为尼禄意识到国都可能有危险。一封谕旨随即宣布：皇帝将放弃他的个人意愿，以免除人民因为他不在国都而可能引发的担忧。所有的旅行计划若要暂时告一段落，都会以欢庆活动来收尾，这让罗马城的百姓们看到，皇帝是多么乐于照顾那些喜好享乐之人。有些娱乐活动太过放纵，让那些循规蹈矩、品行端正的元老实在难以容忍。他们意识到，尼禄和他的宫廷侍从们将来还是走得越远越好。皇帝与俊俏的毕达哥拉斯（Pythagoras）举行的那场荒诞奇诡的婚礼，简直让这几日的淫纵狂欢登峰造极。

宫中骄奢淫逸的生活因为一场大火戛然而止。公元64年7月18日晚上，突然发生了大火，烧毁了罗马城的大片区域。国都曾屡屡发生大火，最近一次是在提贝里乌斯时期。由于房屋建筑狭窄，再加上居民的粗心大意，很容易引发这样的大火。奥古斯都率先组建了一支正规的常备消防队（vigiles）①，但这种预防措施始终不足以真正遏制大火。

大火始于马克西姆斯环形竞技场（Circus Maximus），并蔓延到了附近堆积着易燃物的商铺和住宅区。在疾风的助推之下，火势很快就变得无法控制。在奥古斯都设立的十四个城区中，只有四个城区幸免于难，有三个城区被烧得一无所有。这场大火在罗马肆虐了六天，而在大火第一次熄灭之后，又复燃了三天。

奥古斯都通过设立消防队来表明，安防问题也是统治者的职责之一。他本人就曾与妻子莉维娅亲临火灾现场，以激励救火人员——后来，莉维娅甚至仍以奥古斯都遗孀的身份继续亲临现场，这让她的儿子提贝里乌斯惊恐不已。② 克劳狄乌

---

① 公元 6 年罗马城发生火灾之后，奥古斯都组建了这支队伍作为常备消防队。后来，这支队伍不仅有防火的职责，还负有夜间守备的职责。所以，vigiles 发展到后来是一支兼有多重职责的警备队。

② 苏维托尼乌斯《罗马十二帝王传》第 3 卷《提比略传》第 50 章记载："他为其母利维娅所烦恼，因为她要求与他共治。［……］他常常提醒她不要插手不是妇女应该插手的国家大事，尤其是因为他听说，维斯塔神庙附近失火时，她亲临火场，像她丈夫在世时那样，鼓励人民和士兵努力干。"

斯有一次曾两天两夜守在一场难以扑灭的大火附近，用金钱和语言来援助和鼓舞人民。

这也是公元 64 年火灾发生时民众所期待看到的。正是因为这些期待，人们看到，尼禄并未出现，或者至少也是姗姗来迟。大火发生时，他正在距离罗马 60 公里的安提乌姆（Antium），无论如何，他都没有立马赶来，而是在他的宫殿"寄旅之屋"（Domus Transitoria）受到火势威胁时才赶到——也许后来的记述者刻意夸大了他的迟到。到达这里后，他积极为那些受到火灾威胁的或已无家可归的百姓提供帮助。他开放了自己的花园，收容亟须庇护的人们；临时应急的住所也很快被搭建起来；从奥斯提亚和其他邻近城市运来了廉价的粮食。

然而，尼禄的姗姗来迟使他身陷舆论的怒火之中。有些刚刚听闻皇帝在那不勒斯登台演出的人，想必是相信尼禄为了实现自己的建筑计划而做得出蓄意纵火这种事情的。一个谣言又催生了另一个谣言，到最后有人非常确信自己看到了纵火犯的黑影，以至于火灾的受难者甚至勾勒出皇帝本人和他的帮凶们——首要的就是令人厌恶的提格里努斯（Tigellinus）——制造了这场灾难的画面。是否真像流言蜚语所说的，尼禄在塔楼或皇宫的屋顶上，以国都的火光为现实的舞台背景，咏唱着特洛伊在大火中陷落的歌谣？难道不像这个痴迷于舞台表演的皇帝做出来的事情吗？

塔西陀没有为这一谣言的真实性做担保。公元 65 年的"皮索阴谋"当时已在酝酿之中。那名大胆直言的禁卫军军官在被处决前唾骂尼禄为纵火犯，[①] 他也一定是相信了尼禄咏唱特洛伊陷落的传言。

当人们知道重新燃起的大火的源头可能就在提格里努斯的一个花园里时，公众的怒火几乎难以抑制。人们相信这位禁卫军长官做得出任何卑鄙无耻的事情，包括为了皇帝的建筑计划而纵火。所有的馈赠、贿赂和誓言都是白费力气，尼禄和他的骑士们对这场毁灭性灾难负有罪责的传言从未消散。

老谋深算的顾问们，也许包括提格里努斯

---

① 参见本书第九章"反对派"中苏布里乌斯·弗拉乌斯（Subrius Flavus）被行刑前与尼禄的问答。

本人，指认了一个犹太人宗教团体，希望能将民众的怒火转移到他们身上。塔西陀是第一个在此次事件中提到基督（Christus）和基督徒（Christen）的异教作者。

然而，不管是关切的援助措施、慷慨的馈赠还是平息神怒的祭祀仪式，都无法平息尼禄本人指使人纵火这种可怕的谣言在外流传。为了终止谣言，尼禄便找到一类人作为挡箭牌，并用各种残酷至极的手段惩罚他们。这些人因其令人反感的行为而遭到憎恶，他们被民众称为基督徒。这个教派的创始人基督，在提贝里乌斯统治期间便被行省总督庞提乌斯·彼拉图斯处死了。这种险恶的迷信虽一时受到抑制，但后来又死灰复燃，不仅在其发源地犹地亚，而且在国都罗马又再度流行起来。世界上所有可怕的、可憎的宗教习俗都汇集在罗马，并在这里得到实践和传播。于是，那些公然承认自己是基督徒的人首先被抓了起来，然后根据他们的揭发，又有一大群人被逮捕。这些人获罪，与其说是因为他们放了火，倒不如说是由于他们对人类的憎恶。他们的行刑还被安排成博人眼球的游艺活动：他们被披上兽皮，不是被狗撕咬，就是被钉在十字架上，或者在天黑后被点燃以充当火炬。尼禄为这次观赏活动提供了自己的花园，并将其与竞技表演结合在一起。他自己则穿着战车手的服饰，混迹在人群里或者驾驶他的战车。即便他们是有罪的，应该受到最严厉的惩罚，但这一切依然激起了民众的怜悯，因为人们觉得，他们不是为了国家的利益，而是为了一个人的残忍而沦为了牺牲品。（塔西陀《编年史》第 15 卷第 44 章）

即便尼禄是在更晚些时候才被基督教作者算作基督徒迫害者的，但也没有充分理由怀疑塔西陀的记述。在大多数观察者看来，当时的基督徒会被视作犹太教的一个分支派系，他们的行为方式总体上与罗马的犹太人并无多大不同。罗马的犹太人自恺撒以来享有特殊的地位。

特权允许他们履行自己的宗教义务，即便这意味着他们因此而不得不放弃敬拜罗马皇帝的传统祭祀活动。尼禄也有可能是受到他那些顾问的怂恿而把纵火犯的罪名安在了罗马的犹太人身上。他们由于不参与君主崇拜和日常社会活动而一再遭人责难。按照希腊人和罗马人的理解，这种脱离社会传统的行为简直就是"仇视人类"。

此时距犹太起义的爆发仅两年时间。有迹象表明，在宫中的上层显贵中，存在对犹太文化抱有好感的人——这也就能解释，为什么不是犹太人，而是犹太人中的一个分支派别、基督的信徒成了替罪羊。在这些年里，罗马的教众通过保罗（Paulus）和彼得（Petrus）的传教布道而日益发展壮大。

尼禄很有技巧地选择了这些牺牲品。上层阶级对基督徒几乎没什么好感，以至于苏维托尼乌斯根据他读到的关于这场罗马大火的记述而得出了这样的结论：皇帝当时是为了维护公众的利益而整治了一个危害公共安全的教派。尼禄可以料想，罗马民众对他们也有类似的反感和厌恶，而他又想借此摆脱民众对他所有的猜忌。令人惊讶的是，塔西陀记述道，民众由于各种残忍的处决方式而产生了怜悯之心。他们一方面同情受害者，一方面自然也对尼禄的残忍行径进行批评。罗马人民是被大规模的处决震惊，还是如后人所推测的那样，被包括彼得和保罗在内的受害者的英勇行为感动呢？用在松油里浸泡过的衣袍把将死之人包裹起来从而变成活人火把的残忍主意，似乎是提格里努斯的个人贡献，这也成为后来人们拿来诟病尼禄身边走狗无法无天的一个例证。因此，我们很难理解，为什么早期的基督教作者根本没有提到公元 64 年基督徒的苦难；直到公元 2 世纪末，特尔图里昂（Tertullian）才提及这一事件，把尼禄说成是因为基督徒的宗教信仰才迫害他们的。

被指责在罗马放火的这群人被执行了极其残忍的死刑。但他们遭受如此这般的刑罚，并不是因为皈依了某个新的宗教，而是因为所谓的纵火罪。塔西陀所描述的死刑执行方式，符合对被定罪的纵火犯的刑罚。

尽管有基督徒被严刑拷打后坦白的供词，但仍然有人不愿放弃是尼禄为了从中获益而放火烧了罗马城的这个想法，那么他们可以去参考一下历史上的罗马皇帝在火灾后所修建的那些建筑。就此而言，尼禄热衷于大兴土木并没有违背任何王朝传统，而是正好相反。奥古斯都早就在他的《功业录》里夸耀过自己在罗马主持兴建的那些建筑。统治者或他的政治盟友们建造实用性建筑和宏伟庙宇是关怀公共福祉的一种表现。事实上，奥古斯都彻底改变了罗马的城市面貌，并以此为傲。苏维托尼乌斯引述过奥古斯都的原话：他发现的罗马是一座砖坯之城，而他留下的是一座大理石之城。因此，奥古斯都把进一步美化罗马的义务也交给了他的继任者——在错误的事务上保持节俭势必被当作消极的例子拿来与王朝的创立者进行对比。哪怕是俭朴节制的提贝里乌斯也毫无疑问地延续了这一传统，就连卡里古拉主持兴建的一些建筑也得到了普遍认可。克劳狄乌斯还启动了一些重大的建造工程，包括国都的引水渠，以及旨在改善罗马粮食供给的若干大型工程。

建造水道、庙宇和城墙的高昂成本自然有资格获得公众认可，而如果是为了统治者建造纯粹私人的奢华建筑，可能就有些困难了。实际上，共和国最后几十年以来，百姓就已经习惯了贵族们的奢华建筑。没有人会因为统治者的住所与其世界大国的威望相匹配而责怪奥古斯都或他的哪个继任者。达官显贵也追求建筑的奢靡，而且这种风气日益见长。那些出于谨慎而在国都有所克制的人，会在坎帕尼亚建造更加奢侈的住所。通过庞贝（Pompeii）古城那些富丽堂皇的房屋，以及其间描绘住宅景观的大幅壁画，我们便能对当时人们穷奢极欲的审美趣味领略一二。

在火灾发生之前，尼禄就已经建成了克劳狄乌斯统治期间开始兴建的那些实用性建筑。与此同时，他还启动了一些自己的建造项目。在这场罗马大火之前竣工的项目中，有奥斯提亚港，玛凯鲁姆大集市（Macellum Magnum），一座位于战神广场的圆形竞技场，还有被视为杰作的豪华浴场——就连后来尼禄的那些死对头也对其啧啧称赞。这些以及其他在大火后重新修复的建筑，都出现在了铸币上，以便让公众感知到统治者对自身职责的履行。

公元 64 年的大火过后，在被其蹂躏过的城区进行了大规模的新建和修葺工作，尼禄还非常审慎地借此机会制定了新的安全法规，以防止类似规模的火灾再次发生。其中有些规定奥古斯都早就颁布过，只不过一直未能贯彻落实。老人埋怨街道宽得令人不舒服，新建筑物的高度也受到严格的控制，这让人比以前更容易晒伤。但实际上，尼禄和他的城市规划顾问为罗马城未来的安全做出了卓越贡献。皇帝提供了船只，免费将大量的建筑瓦砾沿着台伯河运到奥斯提亚。对于需要新建的大量房屋，尼禄本人只是资助了其中很少的一部分——具体说来，他出资建造的是一种新式的建筑外沿，目的是减缓火势蔓延到房屋实体的速度。那些资助私人住宅重建的人获得了十分诱人的好处，其中包括给以前只拥有有限公民权的人以完全的公民权。

尼禄统治的暴力终结或许可以解释，为什么他的许多建筑项目完全符合传统且对罗马城大有裨益的这一面遭到贬低甚至被掩盖，而只有一个建筑物在后世流传中被重点提及，即用来指摘尼禄好大喜奢的建造癖好的例证——"黄金屋"。这一宫殿建筑群位于罗马市中心，始建于大火之后，直至公元 68 年都没有完全造完。

尼禄征用了帕拉提努斯山（Palatin）与埃斯奎利努斯山（Esquilin）之间被大火摧毁的这片内城，为其规划了一个占地面积庞大且设计上极具创新意识的建筑群。难怪皇帝的一些反对者会把他的建筑计划与大火本身联系在一起，因为这个计划涉及许多先前作为其他功能性建筑和住宅的用地，而正因为发生了这场大火，才为未来的建筑用地扫清了障碍。

在大火之前，尼禄住在所谓的"寄旅之屋"，它扩建于原来提贝里乌斯和卡里古拉居住的宫殿的基础之上，并连通了位于埃斯奎利努斯山的皇家花园。这座宫殿可能遵循的是君王殿宇历来的建造法则。"寄旅之屋"已经在大火中毁于一旦。尼禄利用建造新宫殿的机会，采纳了全新的设计理念，并规划了庞大的布局。受托负责这个项目的建筑师是塞弗卢斯

（Severus）和凯勒尔（Celer），要是没有这个项目的话，其名声可能并未如此显赫。他们乐于挑战技术极限，因大胆而奢华的设计风格而声名远扬。

在有关尼禄挥霍奢靡作风的一个段落中，苏维托尼乌斯是这样描述"黄金屋"的：

以下细节足以说明这座宫殿的壮观程度及其装饰之奢华：宫殿的前厅是如此之高大，以至于围绕着足足三排的柱廊且长达三百米。这个建筑群里还有一个人工池塘，就像大海一样，被象征着一座座城市的建筑物所围绕。此外，还装点着农田、葡萄园、草地、森林等，五颜六色地交替出现，里面有各种各样驯养的和野生的动物。宫殿内部全都是镀金的，并装饰以宝石和珍珠母。宴会厅装有象牙雕花的方格天花板，其镶板可以转动，以便把鲜花洒落在客人身上，还设有一个用来喷香的管道系统。主宴会厅是圆形大厅，拱顶如苍穹一般昼夜不停地旋转。浴池里流着海水以及来自阿尔布拉（Albula）的泉水。当为这座华丽的宫殿举行揭幕典礼时，也即尼禄第一次入住和享用之时，不禁用这样的语言来表达自己的心满意足："现在，我终于开始像人一样生活了！"（苏维托尼乌斯《罗马十二帝王传》第 6 卷《尼禄传》第 31 章）

直到尼禄去世，整个建筑群仍未完工。奥托掌了几个月的权，颇为欣赏尼禄的品位，便想继续建造。不过，在他之后，就再也没人愿意建设这座备受争议的宫殿了。维提里乌斯在公元 69 年成为奥托的继任者，他并不喜欢这座"黄金屋"，他的妻子也很嫌弃它。当公元 71 年韦斯帕芗以胜利者的身份来到罗马时，"黄金屋"及其整块地皮已被颇有挑衅意味地挪作他用：还有什么比在这里建造罗马有史以来最大的圆形竞技场——罗马斗兽场（Colosseum），更能真正地把皇家地产转化为公共用地呢？它所在的地方曾经是一个美丽的池塘，而建造它的尼禄并不喜欢血腥的角斗士比赛。

截止到公元 68 年，完成的部分"黄金屋"

建筑，不是被继任者们拆掉，就是几乎面目全非地被整合到他们自己的建筑物中。公元 64 年，当建筑工程开始时，尼禄只有 27 岁。如果他能活得更久一些，如果他的建筑师们有更多的时间，他就可能会作为伟大的建筑资助人之一而被载入罗马史册了。

现在仍能辨认出属于"黄金屋"原始建筑的少量遗迹，据此可以获知参与其中的建筑师和艺术家都是各自领域的大师。其中可以称得上是完全创新的构造有建筑群中央的八角形房间的拱顶，这在罗马建筑中并无前例可考。除了建造技术上的创新，同样不可小觑的还有内部装饰的新颖形式，这些皆出自画家法穆路斯（Famulus）之手。法穆路斯是地道的罗马公民，并深知这一身份的重要意义，他工作时从不穿画家的工作罩衫，而是穿着托袈袍①。他为建筑墙面设计的图案与色彩之新奇，即便是在庞贝古城最大胆的别墅里也不曾有过。15 世纪末，

---

① 如前所述，托袈袍有着彰显罗马人身份和社会地位的作用，但穿着托袈袍允许的动作幅度不大，所以穿着托袈袍工作比较费力。

在图拉真晚期浴场下面的地窖或"洞穴"中首次发现了这种类型的湿壁画，并由此诞生了"怪诞画"（Groteske）这一艺术概念。这种室内装饰风格让文艺复兴时期的艺术家们产生了丰富的灵感。

回过头来看，这种大胆前卫的建筑设计本可以赋予尼禄在罗马的存在以另一种完全不同的特质，但同时代的人却对此不屑一顾，并视其为皇帝挥霍无度的证明。不过，仔细观察的话就会发现，其实引起人们不满的根本不是新宫殿建筑群里异常华丽的建筑装饰——贵金属、象牙和宝石完全是建造豪华别墅的常用材料，从某种意义上说，统治者当然有权使用它们。让罗马城几乎各阶层的民众都可能感到恼火的并不是新殿宇的奢华装饰，而是这个建筑群的规模之大实在闻所未闻，其中就包括城市中心在大火之前一直供私人使用的一大片区域。尼禄的宫殿已经不是通常意义上的宫殿了——尽管可以称之为一座巨型宫殿，这个建筑群集皇家宫殿和花园于一体，按照以往的标准，其规格已远远超出了安置在罗马城门内的范围。这

图 7 "黄金屋"的拱顶大厅

个规模也只有后来哈德良（Hadrian）的提布尔（Tibur）离宫方可与之比拟。为了更好地理解当时人们的想法，我们必须确切地知道"黄金屋"建筑群的占地面积究竟有多大：即便是最保守的估计，至少也有今天梵蒂冈的国土面积那么大。

第九章　反对派

尼禄在克劳狄乌斯的宫廷中体会到，即便各种敬意和奉承伴随左右，一个皇帝的地位也终究不是那么安稳。对行政管理方式的不满再加上批评者的个人野心可能对在位者构成生命威胁。在尼禄刚即位的头几年里，他要提防的并不是元老院的那些道德家。对于这群人，尼禄早就通过塞内卡为其润色过的就职演说赢得了他们的青睐。起初，他可以指望的是元老院对新政权的满意，以及布鲁斯掌管的皇家禁卫军的忠诚。总的来说，尼禄要赢得好感和支持并非难事，毕竟这位新皇帝允诺在各方面都要比克劳狄乌斯做得更好。

更近在眼前的威胁是其他帝位继承人的存在：有些人与王朝创立者的亲缘关系并不比尼禄本人更远。毕竟当时唯一的继承规则表明，帝位候选人必须与奥古斯都有亲缘关系。奥古斯都的家族和联姻政策导致这些年来有不少这样有心或无意的潜在的帝位继承人。

奥古斯都这些最后的血亲，没有一个是活过尼禄的。在公元52年，不列塔尼库斯早早就迎来了他命运的转折，成了一名碍眼的"前皇储"①，而阿格里皮娜越发强烈的权力欲望也让尼禄备感威胁。撇去不列塔尼库斯和阿格里皮娜不说，奥古斯都的这些后裔之所以被认为对皇帝的安全构成了威胁，仅仅是因为他们与奥古斯都的亲缘关系，和尼禄的相比，具有同等的分量和价

① 原文此处为 Thronprätendent，指声称或有资格声称自己拥有帝位或王位的人。Prätendent 一词来源于拉丁语动词 praetendere，意思是"要求、索取"。在大多数情况下，这些"帝位或王位觊觎者"指的是一位前君主或他的后代，但其对帝位或王位的索求权已被（通常受认可的）竞争者占有或者被废除。其本人不一定真的怀有谋求权位的想法或举动，因此其头衔多以"前皇储"等指代。然而，几位帝位或王位继承人的存在，往往是引发旷日持久的内战的原因，比如15世纪英国的玫瑰战争等。

值。玛尔库斯·尤尼乌斯·西拉努斯（Marcus Iunius Silanus）曾担任公元 46 年的执政官，他秉性沉静，生活无忧，这一切都使他更加温和从容，所以才有了卡里古拉给他取的"金绵羊"这个绰号。公元 54 年，尼禄甫一即位，阿格里皮娜就下令杀死了他。作为最后一位强有力的帝位竞争者，鲁贝里乌斯·普劳图斯与奥古斯都的亲缘关系在有些人眼中，与尼禄本人的具有同等的价值。因此，他不得不在公元 60 年被流放至位于小亚细亚的庄园，并在公元 62 年被杀害。公元 64 年，德奇姆斯·尤尼乌斯·西拉努斯·托尔夸图斯（Decimus Iunius Silanus Torquatus）也被迫死去，他是公元 54 年的受害者西拉努斯的兄弟，并且和尼禄一样，也是奥古斯都的玄外孙。从那时起，就再也没有奥古斯都的男性后裔了。此外，也不存在像尼禄的妻子屋大维娅那样的年轻女子，其地位之尊贵足以点燃一名野心勃勃的贵族男青年的爱意。

禁卫军护卫宣誓效忠的是整个皇室家族。大概只有"皇室"（Domus Augusta）才可能满足禁卫军对犒劳的期望——即使是最心高气傲的元老，倘若试图满足他们的要求，也会没几天就成为穷光蛋。

所以说，皇帝几乎能被容忍做任何事情，也不会失去皇家禁卫军对他的忠诚。尼禄在艺术上的胡闹就是一个很好的例子。比如，在尼禄统治的最后几年，公元 65 年或更晚的时候，他在舞台上扮演戴着镣铐的"狂躁的赫拉克勒斯（Herkules）"，也并未影响禁卫军对他的忠诚。禁卫军军官们并非总是如莽夫般一根筋地对皇帝死心塌地。傲慢自大的卡里古拉曾取笑过一名军官的尖细嗓音，一边讥讽还一边做出下流的手势——这就是日后阴谋的祸端，最终导致了他的死亡。

面对这位年轻统治者的无理要求，尼禄的禁卫军长官布鲁斯仅有过一次被动的抵制：即便是在皇帝极为胡闹放荡之时，禁卫军也愿意保护他，但不会协助他刺杀阿格里皮娜。这个任务交给了皇家舰队的水手们和他们的被释奴舰长。

当布鲁斯在公元 62 年去世时，出于安全考虑，尼禄将这个职位分派给了两个人。法埃尼乌斯·卢弗斯（Faenius Rufus），在此之前负责粮食供给，能力出众且为官廉洁，因此他得到这个职位是水到渠成的事；另一位长官奥弗尼乌斯·提格里努斯（Ofonius Tigellinus）是尼禄心中实际的人选，他过去与卡里古拉的妹妹们有过不正当关系，而且连皇帝那些最放肆奢靡的要求他也会竭力支持。

直到1世纪60年代初，尼禄总体上还是有安全感的。虽然至少有一部分禁卫军对尼禄的弑母行为耿耿于怀，但这不足以真正危及他的帝位。直到布鲁斯在公元62年去世，之后塞内卡又主动归隐——这对于许多观察者来说是令人不安的信号，这一切都给尼禄创造了有利条件，使他得以越来越肆无忌惮地满足个人的艺术野心。他以艺术家和演员的身份出现在公众面前简直是一种挑衅，对于一些阶级意识强烈的元老来说，这几乎与他的弑母行径一样可鄙。

尼禄自以为，无论他怎么胡闹，元老阶层大体上还是会听命于他，最多也就是以讽刺诗句——这会受到流放的惩罚——或者在皇家宴会上没什么好脸色为代价。罗马统治阶层中的一部分人对皇帝的态度不知不觉发生了转变，最早从公元 62 年起就能感觉得到，当挖苦皇帝的打油诗在法庭上散布开来的时候，当元老中的道德楷模特拉塞亚·帕埃图斯在元老院含沙射影地批评皇帝的时候。而当罗马发生大火，再加上许多人认为尼禄在救火过程中行为失当，无疑强化了这种普遍的不满情绪。也许在那个时候，就已经有人想谋取皇帝的性命了。

官方宣布将于公元 65 年举办新一届的尼禄尼亚赛会。赛会前夕，一场真正的推翻尼禄的阴谋正开始酝酿，旨在刺杀尼禄并宣布新任皇帝。在因循守旧的元老眼里，这个赛会是对罗马历来所有传统的嘲讽。当然也不能完全排除的是，波培娅的再次怀孕让人们备感忧虑——帝位继承人的出生可能会让尼禄更加有恃无恐、肆意妄行。

那些对尼禄的登台亮相越来越愤慨的人，并不想恢复共和制，而是想找个合适的替代者——从出身和个性两方面来考虑谁能够取代尼禄，同时对元老院来说又比较好调教。

盖伊乌斯·卡尔普尔尼乌斯·皮索（Gaius Calpurnius Piso）是共和国贵族的后裔，在卡里古拉在位时被迫流放。在克劳狄乌斯时期，他担任过执政官，并在国都上流社会中起着主导作用。他并不是尼禄的顾问之一，也没有表现任何公开的政治野心——取而代之的是，他像他的祖辈们那样，在法庭上为他的当事人做辩护。人们认为他慷慨大方，但不肆意挥霍；即便在与陌生人打交道时，也很友好，不摆架子。与尼禄相比，他甚至相貌堂堂，有着贵族男子的理想模样。他的宅府与侍从们的所作所为也告诉人们，在生活中，他绝非禁欲主义者。而且他完全顺应潮流，不拒绝在私人演出中宣传自己作为悲剧演员的那种半吊子的艺术天赋。在某种意义上，他体现了尼禄时期的时代精神，并以一种连严肃古板的人也能接受的方式展现出来。塔西陀甚至认为，这个名义上的阴谋头目是个失败者，到头来，他终究未能对得起自己祖辈的名声。

按照皮索的性格，这场密谋绝不是他挑的头。塔西陀在记述中强调了一个值得注意的细节，即密谋起自再也不愿忍受尼禄瞎胡闹的禁卫军军官。这些人的动机被明确地记录并流传下来。在被处决前，苏布里乌斯·弗拉乌斯

（Subrius Flavus）回答了尼禄的问题，他究竟出于什么原因竟然将自己立下的军人誓言抛于脑后："当你值得人们爱戴的时候，你的士兵里没有一个人比我更忠于你的。但是，当你杀死你的母亲和妻子的时候，当你变成一个战车手、一个戏子、一个纵火犯的时候，我就开始恨你了。"（塔西陀《编年史》第15卷第67章）这说明，在那些恪守道德准则的男女眼里，尼禄的胡作非为对他的声誉破坏性极大。其中就包括一名被释女奴埃皮卡莉丝（Epicharis），即使在严刑拷打之下，她也仍然坚守自己的原则。还有一部分密谋者参与其中，是出于非常私人的动机。诗人卢坎，也是塞内卡的侄子，据说是文学上的虚荣心受到了伤害，而两位禁卫军长官之一的法埃尼乌斯·卢弗斯，据说只是对他的同僚提格里努斯有所忌惮，因为他更受尼禄的宠信。密谋者的圈子牵扯范围甚广，从女人气的纨绔子弟到声名狼藉的被释奴，这场旨在恢复政治秩序的阴谋有许多意想不到的参与者。

关于具体如何行动进行了长时间的讨论。刺杀尼禄的最佳时机出现在他到那不勒斯湾（Golf

von Neapel）的皮索别墅逗留期间。但皮索拒绝了这个方案，表面上看，是因为这将侵犯宾客的权利，而实际上有洞察力的批判者认为，是因为皮索不想在尼禄死后远离罗马，那里才是情势发展的中心。他竟变得野心勃勃起来，担心年轻的路奇乌斯·尤尼乌斯·西拉努斯（Lucius Iunius Silanus）可能坐上帝位，因为他在生活中循规蹈矩，这一点对于元老们来说可能很有吸引力——更别提他与奥古斯都还有远亲关系。同时，皮索对当时的执政官维斯提努斯（Vestinus）有所顾忌，据说他甚至是共和制的支持者。

最后，他们一致决定在 4 月的谷神节赛会（Ludi Ceriales）期间谋刺尼禄。在那天的竞技比赛期间，尼禄将会离开他那戒备森严的新宫殿建筑群"黄金屋"，去观看赛马。计划的行动方式类似于罗马历 3 月的伊都斯日（Iden）①，亦即 3 月 15 日刺杀恺撒的行动。以孔武有力著称

---

① 伊都斯日（拉丁语为 Idus），在罗马历法里指月中，亦即满月的日子。3 月、5 月、7 月、10 月的伊都斯日为当月的 15 日，在其他月份是 13 日。罗马历 3 月的伊都斯日，或称"三月十五日""三月望日"，因成为恺撒被刺的日子而臭名昭著。

的拉特拉努斯（Lateranus）会跪在尼禄面前请愿，并顺势将他抓住——禁卫军中其余的刺客便可跑上来把他杀死。皮索会在附近等着法埃尼乌斯·卢弗斯，他会把皮索带到禁卫军军营，让禁卫军拥立他为新的皇帝——与当年布鲁斯把年轻的尼禄带到禁卫军军团面前如出一辙。

虚荣和脆弱导致了阴谋的败露。那天，元老弗拉维乌斯·斯凯维努斯（Flavius Scaevinus）和皮索的心腹纳塔里斯（Natalis）商议了好几个小时。长谈之后，他一回到家里，就带着离情别绪滔滔不绝，这使他的被释奴米利库斯（Milichus）感到很奇怪。他又一次更新了自己的遗嘱，并令人惊讶地给了所有家仆最后的指令和赏赐。当米利库斯受命重新磨砺主人的匕首时，他起了疑心，并和妻子说起当天的种种异常。他那现实的妻子鼓动他把看到的尽快报告给皇帝，这样才能获得赏金。不久，他就站在尼禄面前，把所知道的一切都说了出来。

纳塔里斯和斯凯维努斯都只是嘴上逞强，他们一看到拷问刑具就成了软骨头，争相把密谋者的名字说了出来，或许还包括一些与此毫不相关的人。塞内卡这会儿也卷了进来，这让尼禄特别高兴，不过他多半是无辜的。那些在罗马生而自由的人往往被刑具一吓唬就软了下来，而被释奴埃皮卡莉丝在严刑拷打之下却丝毫没有退缩：再大的折磨和痛苦也无法打垮她，她始终守口如瓶，后来趁人不注意，用自杀结束了进一步的痛苦。

罗马宣布进入紧急状态。到处都是巡逻的士兵，常规队伍中还夹杂着日耳曼护卫，局势的严峻性不言而喻。此时，有一个人却特别卖力地干起活儿来，那就是正直的法埃尼乌斯·卢弗斯，作为最重要的密谋者之一，目前还没有怀疑到他的头上。在审讯过程中，当苏布里乌斯·弗拉乌斯暗示他刺杀一旁的皇帝时，他连眼皮都没眨一下。

皮索曾经对自己坐上一国之君的位置寄予相当大的希望，而在这几个小时里，他却像瘫了似的丧失了行动能力——塔西陀在他相当详尽的记述里根本没怎么提他，这不是没有原因的。亲信们提议他号召军队和罗马人民孤注一掷，但他却无动于衷，宁可待在自己的花园里束手就擒。当看到被派来别墅等他自杀的小分队时，他才意识到召集军队是多么明智的选择：这支队伍里尽是些刚招募的新兵和经验极少的士兵，他们是特意被选出来执行这项任务的。这个男人本有机会接替尼禄。他的遗嘱也被证明是愚蠢的：对尼禄极尽谄媚之词的目的是保护他的妻子萨特里娅·伽拉（Satria Galla），而这个女人还是皮索从她的前夫身边，也即他的朋友那儿勾引来的。

尼禄复仇的受害者中也包括塞内卡。他早已退出了公众生活，并避免做任何可能引起尼禄注意的事情。塞内卡在皮索的计划里哪怕只是有过间接的参与，也是不太可能的。不过，多嘴的密谋者只是稍微提了一下塞内卡，便引来了尼禄的猜忌：皮索曾让人带话给塞内卡，表示自己非常后悔不再与他有任何联系。对此，尼禄立马派人去询问塞内卡，对这一说法进行核实。当时塞内卡就在国都附近他的一处庄园里。

塞内卡的回答证实了密谋者在审问时所引

述的皮索的那段话，但尼禄已无心为他这位年长的老师开脱罪名。怒火中烧的尼禄认定，塞内卡参与了这场阴谋，更何况，提格里努斯和波培娅还在旁边煽风点火。

被派去执行死刑的是禁卫军军官伽维乌斯·西尔瓦努斯（Gavius Silvanus），他本人也是阴谋的参与者。为了保住性命，他并未拒绝执行这项任务。不过，他还是不忍向塞内卡宣读死刑判决，而是派了一名军士长去塞内卡家。塞内卡毫无惧色，自知死亡是迟早的事。他以苏格拉底为榜样度过了人生的最后几个小时，给同时代的人和后人留下了深刻的印象。塞内卡的死，就像他的著作所宣扬的那样，再也没有人会去质疑他的生命实践是否符合自己所信奉的学说，或者更准确地说，他以死践行了自己的学说。特拉塞亚·帕埃图斯是尼禄公元66年的受害者，作为朝臣的他，始终对尼禄颇有微词。在死的时候，他也效仿了塞内卡的做法。塔西陀素来独具慧眼，能明辨所有的诚实和虚伪。他在记述塞内卡之死时，最后提到了他的葬礼。按照遗嘱的指示，葬礼极其简朴——而在写这些指示的时候，他还身处罗马，作为尼禄无可争议的重臣，他的财富与权势还如日中天。

后来人们谈论起这场血雨腥风，总会说起当时异常残酷的审讯，许多嫌疑人在双重甚至三重镣铐的重压下几近崩溃。这场阴谋导致至少 19 名男女丧生，13 人被迫流亡。禁卫军得到了丰厚赏赐，以表彰他们实际上已动摇的"忠诚"。在尼禄眼里，有三个人在镇压谋反的过程中功不可没，并被授予"凯旋勋章"（ornamenta triumphalia）①，仿佛他们取得了至高无上的军事功绩：提格里努斯、科凯伊乌斯·内尔瓦（Cocceius Nerva）和当时的执政官佩特

---

① 罗马共和国时期，在战争中获胜的将军在凯旋游行之后，会被授予一个外在的"凯旋勋章"（ornamenta triumphalia）。然而，自罗马帝国时期以来，只有皇帝（一开始还有少数皇室成员）才有资格拥有"凯旋统帅"（imperator）的头衔以及举行凯旋游行的权力，这个头衔和凯旋游行越来越政治化，被用来彰显皇权及其合法性。而皇室之外的凯旋将军只会被授予"凯旋勋章"，他们能获得传统的"凯旋英雄"（Triumphator）的服饰和特权，但不能带领军队在罗马举行盛大的凯旋游行。在提贝里乌斯统治后期以及尼禄统治期间，这种"凯旋勋章"的含金量有所降低，除了军事胜利者，他们还把这项荣誉授予了那些告密者或镇压谋反的有功之人。

罗尼乌斯·图尔皮里亚努斯。科凯伊乌斯·内尔瓦从公元96年起做了两年无可挑剔的皇帝，而佩特罗尼乌斯·图尔皮里亚努斯，直到公元68年，还一直忠于尼禄。

小心翼翼的提格里努斯纵使拥有尼禄的百般信任，也无权独掌整个禁卫军。成为他新同事的是此前担任禁卫军军官的尼姆皮迪乌斯·萨比努斯（Nymphidius Sabinus），尼禄确信自己根本无须忌惮和提防他。尼姆皮迪乌斯·萨比努斯享受着自己作为卡里古拉私生子的光环（传闻是他一手炮制的），还竭力强调自己身上与他那所谓的父亲有某种相似的阴沉感。

尼禄出生的月份被提议改名为"尼禄月"（Neroneius），而这并没有让他高兴多久，他比以往任何时候都更清楚地感知到来自领导阶层的反对。现在，别人只要流露一丁点儿不苟同于他的迹象就足以受到指控并被拖上法庭。公元66年，最后一个可以想到的帝位竞争者被杀死了。他就是年轻的路奇乌斯·尤尼乌斯·西拉努斯·托尔夸图斯（Lucius Iunius Silanus Torquatus），也就是公元54年被杀的西拉努斯①的儿子。也就是说，在奥古斯都的后代子孙里，他的关系比尼禄更远一些。

在尼禄统治的最后几年里，还存在一种不那么正面对抗的反对形式。尼禄也开始对这种反对派有所忌惮，并不亚于那些意图谋划暗杀的反对者。这种反对形式尽管是消极的，但公众完全能感知到它的存在，通常被称为"斯多亚派反对者"。但是，并非每个所谓的"斯多亚派反对者"都能无一例外地算作这个哲学派别的信奉者。对于斯多亚派学者来说，奥古斯都式的井然有序的元首制（Prinzipat）是很容易让他们满意的。况且，斯多亚派学说中也没有任何说法可以被明确地用来反对这个新政体。相反，著名的斯多亚派学者还在希腊化的宫廷中担任过顾问。塞内卡本人就信奉斯多亚派学说，并认为自己的哲学信条与侍奉尼禄的工作长期以来都是相协调的。甚至宣称斯多亚派哲学为国家的"官方"哲学都不为过。

然而，尼禄却是第一个自认为受到斯多亚

———————————

① 公元 54 年被杀的"金绵羊"玛尔库斯·尤尼乌斯·西拉努斯，与尼禄一样，也是奥古斯都的玄外孙。

派哲学威胁的皇帝。更确切地说，那些让他感受到政治压力的人，在批判他时具有斯多亚主义精神。这类政权批评者被斥责为教条主义的斯多亚派——至少他们的反对者是这样指摘他们的。其中，最有名的代表人物莫过于特拉塞亚·帕埃图斯。公元66年，他被判处死刑，并效仿了苏格拉底的死法——这发生在尼禄去希腊前不久。

特拉塞亚·帕埃图斯并不是元老院中上等贵族的代表。他来自意大利北部，算是社会阶层的晋升者，非常自豪于自己的传统原则。他之所以能进入元老院，或许是因为阿格里皮娜，而塞内卡也是他的支持者之一。公元56年，他还担任了三个月的执政官。特拉塞亚和他的朋友们并不是元首制的反对者，只不过是在用尼禄公元54年发表的执政宣言来衡量他。根据这个宣言，他会尊重皇帝与元老院之间传统的职权划分。因此，比起其余那些出身大家族的贵族元老来说，这位社会阶层的跃迁者才更忠诚地承担起了元老的职责。

尼禄也许不觉得这类批评者对自己的生命产生了威胁，但他完全有理由担心自己在众元老心中受损的威望。公元 63 年，特拉塞亚对尼禄的女儿克劳迪娅·奥古斯塔的出生表示祝贺，但尼禄拒绝接受他的祝贺。从此以后，特拉塞亚就几乎很少参加元老院的会议。退出政治生活以示抗议并不算犯法，只不过，特拉塞亚的举动却在国都之外引起了轰动。对于尼禄来说，这是一种无言的责备，不得不让他想起自己违背了公元 54 年执政宣言中的承诺。特拉塞亚的这种行为称得上是斯多亚主义的地方，充其量只是他坚守着曾经被认为正确的政治方针。

尼禄鼓动特拉塞亚的一个私人仇家在元老院控诉他的这种行为属于大逆罪，并要求对其进行相应的惩罚。在他指控特拉塞亚的时候，元老院被军队围了起来。对特拉塞亚的判决是死刑，而他的女婿——同样忠于自己信念的赫尔维狄乌斯·普利斯库斯（Helvidius Priscus）则被流放。

特拉塞亚并没有在元老院为自己辩护，他选择在家中等待这迟早要来的判决，并以苏格拉底为榜样，安排了自己生命的终结方式：他生前最后的对话是与一位哲学家探讨灵魂的不朽。值得注意的是，他并未发表任何反对皇帝的言论。特拉塞亚对奉命来传达死刑判决的财务官说的话成了他的政治遗产——劝诫人们要坚守信念（constantia），而没有劝导人们去积极反抗独裁者。元老院里没有人来得及救他，为此，他成了反对独裁者的"烈士"之一。后来，人们把特拉塞亚与恺撒的仇敌加图（Cato）相提并论，他还写过一篇关于加图的传记。

在尼禄统治的最后几年里，对尼禄的批评竟出现了相当出人意料的形式。盖伊乌斯·佩特罗尼乌斯（Gaius Petronius）多年来一直是尼禄的风雅顾问，尼禄那些或好或坏的品味都是从他那儿学来的。佩特罗尼乌斯私下是个极其精致的享乐之人，但也是个能干的执政官和行省管理者。公元 66 年，佩特罗尼乌斯毁于提格里努斯对他的忌恨。当判决变得不可避免，他便戏仿了苏格拉底之死：就在还残存着最后一点虚弱的力气时，他没有讨论最后的哲学问题，而是像往常一样，谈论那些轻松的话题。佩特罗尼乌斯也不像尼禄的其他受害者那样，试图为后人至少挽回些许财产而在遗嘱里极尽谄媚之词，他用一封非常私密的信件向皇帝表达了最后的问候，里面详细列举了皇帝喜欢在床上玩的各种疯狂花样。

公元 65~66 年，尼禄肆意打压各种或真或假的敌人，变得越发随心所欲、冷酷无情。这一方面反映了尼禄强烈的不安全感，另一方面是因为他身边有尼姆皮迪乌斯和提格里努斯这样的进谗言者。与此同时，尼禄和他的顾问也终于有机会考虑计划了很久的希腊之旅，据说他们还打算在高加索地区发动战役。不管这是不是计划好的，都可以推测出，尼禄离开罗马时已经不存在任何身份显要的批评者。尼禄一心想牢牢抓住自己的最高指挥权，这个念头已经压倒了他对一切重要国务的考量。直到皇家禁卫军铁了心对尼禄弃之不顾时，罗马的形势才又变得严峻起来。

第十章 希腊之行

在尼禄看来，公元 66 年夏天是开启筹备已久的希腊之旅的最佳时机。公元 65 年的"皮索阴谋"以失败告终，那个令人头疼的、冥顽不化的特拉塞亚·帕埃图斯也在 66 年夏末死了，西拉努斯氏族（Silani）最后一个所谓的竞争对手也在同年死了，就连尼禄的妻子波培娅在第一段婚姻里留下的未成年儿子也被除掉了。克劳狄乌斯的女儿安东尼娅对于极具野心的政敌来说，是极佳的联姻对象，因此她无论如何都必须得死。

由此可见，暂时不必担心再发生"皮索阴谋"那样的颠覆性事件。在公元 66 年初的提里达特斯之行后，尼禄积攒了一定的人气。在罗马，人们会记得这场庆祝新东方政策的典礼，也明白皇帝想巩固和加强罗马在世界上的地位。尼禄在东方唾手可得的热情拥戴也会进一步削弱他周围反对派的声音，如果这种声音还存在的话。倘若发生行刺，他仍然可以在禁卫军的护卫下保证人身安全。

公元 66 年 9 月，尼禄启程，离开罗马。这绝非仓促的决定，更不是一时冲动。这次希腊之行至少筹划了两年之久。公元 67 年末的匆忙返程让人很容易忘记，这趟计划好的离开权力中心的旅行持续的时间之久。宫廷的指示一定在公元 66 年 9 月之前就已传到东方。奥林匹亚和科林斯都在大兴土木，因为尼禄计划在那儿设立驻希腊总部。亚历山大城为皇帝的来访修建了浴场，而那里的铸币上还刻有皇帝此行目的地的名字，由此可见，尼禄这次旅行在对东方的"公关"方面做得相当细致周全。

尼禄不在罗马的时候，政务交由被释奴赫里乌斯（Helius）和波里克利图斯处理，尼姆皮迪乌斯·萨比努斯从旁协助。尼禄走后留下了一个被吓坏了的元老院，且失去了诸多要员。观察者们还注意到，元老院代表团连尼禄的一个礼节性的告别之吻都没有得到。随他同行的元老们不全是自愿加入的，也不都是人质或马屁精。比如，德高望重的克路维乌斯·卢弗斯就是自愿随行的，他连一丁点儿不忠的嫌疑都没有，主要是为了撰写关于戏剧艺术的书。

皇帝的安全由提格里努斯和皇家禁卫军来确保，鼓掌喝彩则由一个精心挑选的职业捧场团，即所谓的"奥古斯提亚尼会"来负责。尼禄在公元66年初迎娶的新婚妻子斯塔提丽娅·梅萨莉娜（Statilia Messalina）却出人意料地留在了罗马，皇帝的个人"幸福"则不成体统地交由阉人斯波洛斯（Sporus）来负责。据说，斯波洛斯与他心爱的波培娅长得非常像，以致他被交给阴险的卡尔维娅·克里斯皮尼拉（Calvia Crispinilla）细心调教，因为她对宫里各类奇怪癖好了如指掌。

尼禄已提前让希腊人知道，他打算以参赛选手的身份参加所有重要的竞技赛会。这些赛会每四年举办一次，但都不在同一年。来自最高层的愿望改变了往常的节庆赛会日历。如此一来，尼禄就有机会在一年之内参加奥林匹亚（Olympia）、德尔斐（Delphi）、科林斯地峡（Isthmus）和阿尔戈斯（Argos）的奈迈阿（Nemea）举行的竞技赛会。他强烈渴望自己能带着"竞技赛会大满贯"（Periodonikes）的头衔、作为这些伟大竞技赛会的全胜者回家。

横跨海峡后，尼禄抵达科孚岛（Korfu），并首次公开亮相。随后，他大张旗鼓地前往阿克提乌姆，去敬拜奥古斯都推崇的阿波罗神。同时，他想借此彰显自己对希腊文化的热爱，这不光是受到他的外祖父日耳曼尼库斯的影响，也可以说是传承自奥古斯都本人。随后，尼禄在科林斯度过了冬天。

公元 67 年，尼禄以参赛选手的身份参与各大竞技赛会。由于尼禄的缘故，不仅像在奥林匹亚那样，节庆赛会的日历有所改变，而且自古以来的规定展演剧目也发生了变化。皇帝想参加什么比赛项目，都能如他所愿，哪怕需要创造条件和机会。因此，在科林斯地峡竞技赛会中，他可以争夺为戏剧演员特设的新奖项。

同样，奥林匹亚竞技赛会也宣布了为戏剧演员和基塔拉琴歌手特设的新比赛。皇帝看上去对所有这类比赛都非常重视。他把脖子后面的头发留长，以便拥有适合登台亮相的发式，且在表演过程中忐忑不安，感觉自己是众多角逐者的一员。皇帝的登场令裁判们有些紧张，他们马上意识到该怎么做，不过，尼禄似乎没有注意到这些。在备受"意大利"或"西方"冷落的东方，皇帝此番抛头露面深得民心。埃及的行政长官更是顺水推舟，利用铸币上的图像大肆宣传尼禄此行的成功。

这段旅程，乃至王朝的历史，差点就要以意想不到的方式画上句号。尼禄此行没有放过亲自驾驭十马战车的机会。对于他来说，仅仅让职业战车手以他的名义驾驭这些马是不够的——提贝里乌斯还是帝位继承人的时候，在奥古斯都的准许下就这么做过，后来日耳曼尼库斯在公元 17 年的时候，也倾向于选用这种方式。在比赛时，尼禄重重摔了下去，险些丧了性命。尽管遭遇不顺，他还是被判获胜，并在获奖的喜悦中重新振作起来。

据说，尼禄总共获得了 1808 个奖项，其中有一些可能还在意大利的时候就已收入囊中。对于裁判们来说，这种友好的评定毫无疑问是值得的。他们因此可以获得其他情况下很难拿到的罗马公民权，而且能收到一笔可观的赏钱。尼禄为自己在奥林匹亚和德尔斐竞技赛会中夺得桂冠而感到自豪。当后来带着"优胜者"的头衔回到罗马时，他头戴奥林匹亚桂冠，右手高举德尔斐桂冠，虚荣心一度膨胀到十分荒唐的地步：让被释奴赫里乌斯在罗马处死了元老苏尔皮奇乌斯·卡梅里努斯（Sulpicius Camerinus）。因为这位元老不愿放弃自己家族的传统附加名"皮提库斯"（Pythicus）①，而尼禄认为，现在只有作为德尔斐竞技赛会优胜者的自己才有资格拥有这个附加名。

如果说，除了那些心满意足的裁判，还有更多的希腊人指望从皇帝的这次来访中捞到钱财上的好处，那么他们的愿望偶尔也会落空。

———————————

① Pythicus，在词源上与 Pythia 同源，与神话传说中阿波罗神刺死德尔斐的巨龙皮同（Python）的故事有关。为了致敬阿波罗，德尔斐每四年举办一次的竞技赛会又被称为皮提亚竞技赛会（Pythien）。

尼禄不光认真对待这些竞技比赛，而且对于常规的获胜奖励也非常重视。事实上，尼禄从容不迫地照单全收了那些授予他的奖金，而且作为行家的他自然不会放过在巡演途中为皇家收藏添置精美艺术品的机会。

现存文献主要描述的是皇帝抛头露面时的奢华排场。即便尼禄大讲排场，也不能排除他这么做其实是为了在罗马帝国推广希腊文化。就连最早的那些记述者也注意到，热爱希腊文化的尼禄偏偏没有拜访雅典和斯巴达。也许是科林斯人出于对雅典和斯巴达这两个地方的嫉妒，用阿谀奉承和盛宴庆典吸引了尼禄，以致到最后，比起那些"伟大的"城市，他只愿为科林斯带来皇帝亲临的荣耀。不过也不难想象，在尼禄对科林斯显而易见的偏爱背后，可能还有一个区别于"古典"希腊的"罗马"希腊的构想：让希腊真正融入罗马帝国，而不仅仅是帝国的一个行省。

尼禄完全懂得如何在剧院的欢呼声之外持续提升他在希腊的人气。公元 67 年 11 月，也就是在他那成功的竞技赛会巡演之后，尼禄精心策划了一出极其浮夸的"解放希腊"的戏码，宣布免除希腊的税负并摆脱罗马的司法管辖。尼禄在科林斯的剧院里向聚集的希腊民众发表了演说，当时他刚刚在奥林匹亚夺得竞技赛会传令官（Herold）①的头奖。在维奥蒂亚（Boiotien）的一个小城里，一段碑文记录了他的原话。这份演讲词证明了尼禄在生命的最后几个月里那种慷慨激昂的演说风格。那时，他可能越来越相信自己无比重要且深受神恩庇护，而希腊谄媚者的甜言蜜语、曲意逢迎更强化了他这种自我认知。

"皇帝宣布：为了表达我对最高贵的希腊文化的感恩和崇敬之情，我命令尽可能多的行省居民于 11 月 28 日来到科林斯。"

当众人聚集在集会地点时，皇帝说了下面这些话：

"希腊的人民，我要送给你们一份意想不到的礼物——如果说有什么东西，是你

---

① 传令官，大型赛会中口头宣布优胜者名字的人，需要声音洪亮，是通过竞争选出来的。

们不曾奢望从一个像我这样至高无上的人这里得到的。这是一份厚礼,一份你们从未向我企盼过的大礼。你们这些居住在亚该亚(Achaia)和迄今为止被称为伯罗奔尼撒(Peloponnes)的土地上的人们,我赐予你们自由,并免去你们的税负。收下这份馈赠吧,即使在你们历史上最幸福的时期,你们也不曾全都拥有过,因为你们不是臣服于他者,就是彼此臣服。我多么希望自己能够在希腊的鼎盛时期给予这份礼物,这样便会有更多的人享受这份恩惠。因此,我责备时光的流逝减轻了我这份厚礼的分量。但我现在这么做,不是出于怜悯,而是出于善意。我以此感谢你们的诸神,我长期以来都感受到他们在海上和陆地上对我的关怀,也是他们让我有机会赐予你们这样的恩惠。其他统治者也解放过一些城市,而只有尼禄一人解放了整个行省。"〔赫尔曼·德绍(Hermann Dessau)编纂的《拉丁铭文集选》(Inscriptiones Latinae Selectae)第8794篇〕

"解放希腊"这种陈词滥调，两百年来在争取希腊人的舆论支持的努力中被反复使用，时有成效。希腊人从未想过要放下对过去伟大时代的怀念。正好可以拿来当作例证的是，当时由一位底比斯（Theben）的显贵在维奥蒂亚的这个小城负责写一篇同样浮夸的致辞向高高在上的尼禄表示感谢。而这位底比斯显贵所属氏族的显赫名声毫不逊色于公元前 4 世纪底比斯最伟大的政治家伊巴密浓达（Epameinondas）的氏族名。

于是，亚该亚获得了自由，本来是想尽快以皇帝的名字命名伯罗奔尼撒的——这就是为什么尼禄在提到伯罗奔尼撒的名字时，会使用"迄今为止"这个乍一听令人困惑的限定词。这份自由之礼并未让希腊人享用多久，韦斯帕芗就以当地的动乱为契机，收回了希腊的自由权利。不过，作为一种"热爱希腊"的行为，尼禄解放希腊的这个举动却出人意料地给希腊公众留下了深刻的印象。甚至尼禄为了他的皇家收藏而对艺术品的大肆掠夺，也因此淡出了人们的记忆。后来的希腊作家，如普鲁塔克

（Plutarch）和保萨尼亚斯（Pausanias）等人，在写作时还援引了他解放希腊的事例，想借此还尼禄一点公道。

尼禄并未止步于"解放希腊"，其实这本身也没付出多大代价，毕竟亚该亚行省的税收微不足道。尼禄对大胆的水利工程项目很感兴趣，这类项目为意大利提高粮食供给的效率做出了贡献，这点是有目共睹的。这也激励他计划打通科林斯地峡，以福泽希腊。

这是一个宏大的工程，涉及希腊的运输和贸易政策，可以免去在伯罗奔尼撒转运的麻烦，被敢于冒险的规划者们反复考虑了几个世纪。德米特里奥思·波里奥尔克特思（Demetrios Poliorketes）①在公元前3世纪时就提过这个设想，恺撒也下达过这项任务，当时并没有人对这个计划冷嘲热讽，卡里古拉亦想过做同样的事情。现在，尼禄打算以这样的方式为希腊人和贸易往来做点贡献。

这项工程始于公元67年，在希腊"解放"

---

① 又称"德米特里一世"，是公元前3世纪马其顿王国的著名军事统帅。

之后。尼禄从卸任的行省财务管理官手中接过金铲，为这个项目破土动工。被安排完成这项工作的并不是具有艺术范儿的希腊人，而是由6000名犹太战俘来负责，他们已被犹太地区的新指挥官韦斯帕芗押解上路。也许连皇家禁卫军也被下令拿起了铲子，但在这种情况下，他们大概并不觉得特别荣幸。这条总长约6公里的地峡大约已经被挖了1/5。韦斯帕芗和后来的皇帝们考虑到施工难度后，也不再认为这样的努力是值得的。直到1897年，地峡才被完全凿穿。

正是以所有这些转移视线的动作为保证，尼禄才有时间来应对自己的安危问题。而且簇拥他的人足够多，同时这些人的荣辱得失与尼禄的生死存亡紧密相关。在罗马，代理长官赫里乌斯通过恐吓性逮捕和处决无辜者来维持治安。元老院可能是尼禄当时仅剩的眼中钉，在地峡的动工仪式上，他只为自己和罗马百姓祈求祝福和恩赐，不再像往常一样提及元老院。

尼禄得到了科尔布罗的女婿维尼奇亚努斯

（Vinicianus）密谋的消息，科尔布罗可是多年来在东部地区指挥作战的重要将领，传来的消息促使尼禄用溢美之词把科尔布罗引诱到科林斯。值得注意的是，科尔布罗把皇帝的客套话当真了，还以为自己会得到尊贵的接待，或许他还妄想得到进一步的升迁。当抵达科林斯港，觐见皇帝却被拒之门外时，他才意识到自己已无路可走。显然，他也指望不上别人的帮助。对他来说，在正式受到控诉和没收家族财产之前，他唯一能做的就是自杀了。当时，尼禄更愿意依靠像韦斯帕芗这样的指挥官，他的出身相对较差，想必某种程度上可以排除更大的政治野心。

奥古斯都家族的皇帝在当时拥有几乎不可撼动的地位。尼禄能够如此轻而易举地解决掉科尔布罗和莱茵河军团的指挥官斯克里波尼乌斯（Scribonius）兄弟，正充分说明了这一点。这兄弟两人不知道什么原因被人告发到尼禄那儿，他们从莱茵河（Rhein）畔出发，长途跋涉前往科林斯，想到那里为自己辩解。然而，他们的下场无异于科尔布罗。

一系列事件——也许是粮船和军饷的亏空——似乎让罗马的局势变得不太稳定。赫里乌斯陆续发出求救信号，当所有的紧急公函都无济于事时，他便不顾对航行相当不利的天气状况，在隆冬时节亲自上了路。

在希腊，赫里乌斯的到来是不受欢迎的，因为当时尼禄正在追逐那些宏大而不现实的计划，而在今天看来，这些计划不过是个雏形。他本打算在竞技赛会"大满贯"之旅结束之后，投身于军事行动，以赢得他现在仍然缺乏的军事威望。文献记载，他准备在帝国东北边境的高加索或黑海地区发起一场战役。也有史料记载，他计划同时在埃塞俄比亚开战，但尚不清楚这两场军事行动在时间上如何衔接。反正尼禄在亚历山大城的逗留时间已经宣布了。

禁卫军的一支分队已经提前接到命令，前往埃塞俄比亚为行军探路。罗马在公元66年时就已经往埃及增派了2000人，包括日耳曼骑兵在内的辅助部队，也已开拔前往埃及。这次行动的军事目的很难判断，但无论如何，尼禄本可以报道一个属于异国他乡的、基本不为人知的战场，一个连亚历山大大帝都不曾踏入的战场。

看上去更为现实的是关于在帝国东北边境计划发动战役的消息。塔西陀明确指出，尼禄曾计划对"阿尔巴尼亚人"（Albaner）发动战争。在历史文献记载中，这个民族被称作"Albani"，据说生活在里海一带，一百多年前庞培就已经对他们发动过战争。有很多证据表明，塔西陀记述中的这个"阿尔巴尼亚人"（Albani），正如特奥多尔·蒙森（Theodor Mommsen）[①]所推测的那样，其实指的是"阿兰人"（Alani），一个生活在现今格鲁吉亚境内、第比利斯以北的民族。如果这种假设成立的话，这场军事行动的目的应该是确保黑海北海岸及周边地区的安全和稳定，因为这些地区多年来一直遭受着那些食物匮乏的蛮族部落的侵扰。尼禄想效仿亚历山大大帝[②]——他现在才31岁，尽管常年淫逸无度，

---

① 特奥多尔·蒙森是19世纪德国著名的古典学者、历史学家。其关于罗马史的研究著作对于当代的罗马史研究有着奠基性作用，影响深远。

② 亚历山大大帝20岁即位，去世时33岁，年纪轻轻就已东征西战、军功赫赫。

图 8　尼禄晚期肖像，慕尼黑，古代雕塑展览馆，库存编号 321

但据惊讶的观察者们报告，他的身体非常健康——这可能也在其中发挥了一定作用。在意大利，尼禄还曾让人挖掘出一支新的"高个儿"军团，应征入团的小伙儿身高必须达到 1.8 米左右，这样的身高对于军团士兵来说是不寻常的。

这些战役并没有发生，尼禄的军事能力也没有得到真正的考验——不然，他很快就会因为失去作战经验丰富的科尔布罗而感到痛心疾首。赫里乌斯关于罗马局势的报告让尼禄别无选择，他只能放弃远行，返回罗马。公元 67 年 12 月或稍晚一些，他再次踏上意大利国土。

尼禄精心策划了一场"夺魁归来"的好戏，也没人注意到他的返程比预定的时间要早。显然尼禄一点儿也不着急。尽管赫里乌斯向他报告了罗马的灾祸，但这位竞技赛会"大满贯"得主并未立即赶往罗马，而是在那不勒斯这个他进行首次艺术演出的城市举办了庆祝活动。他按照旧时竞技赛会优胜者的惯例，坐在白马拉着的战车上，经由一条切入城墙的通道驶入城中。他以如此拖泥带水、花里胡哨的方式进入安提乌姆、阿尔巴（Alba），最后又以同样的方式进入罗马——显然没有因为赫里乌斯报告的骚乱而受到影响。为了凸显自己"对希腊文化的热爱"，尼禄乘着奥古斯都坐过的凯旋战车进入罗马，并把自己装扮成从缪斯国度归来的英雄。他倒是穿着一件真正的军事凯旋服，就是装饰有些浮夸，令人难以辨识。但游行展示的牌板上并不像古代那样，写着被征服的民族和城市的名字，而是写着他在艺术比赛中打败的人的名字，以及他表演的剧目清单。不仅元老和骑士们有义务跟在他后面，希腊之行的那群职业捧场雇佣兵也跟在凯旋战车后面，而通常跟在后面的是那些身经百战的士兵。历史学家卡西乌斯·狄奥引述了那些为了讨好这位优胜者的赞颂词：

> 万岁，奥林匹亚赛会优胜者万岁，皮提亚赛会优胜者万岁！奥古斯都！奥古斯都！① 我们的赫拉克勒斯——尼禄万岁！我们的阿波罗——尼禄万岁！伟大竞技赛会的唯一大满贯得主！史无前例的第一人！奥古斯都！奥古斯都！神圣的嗓音！能听到的人有福啦！（卡西乌斯·狄奥《罗马史》第 63 卷第 20 章）

通常凯旋游行的终点是卡皮托利努斯山（Capitol）上的朱庇特（Jupiter）神庙，尼禄则

---

① 奥古斯都（Augustus），在拉丁语中意为"崇高的、庄严的"。公元前 27 年 1 月 27 日，这个荣誉称号首次被赐予元首制的开创者屋大维，屋大维又在遗嘱里将其传给提贝里乌斯。后来，"奥古斯都"这个头衔就和"恺撒"（Caesar）一样，成为罗马皇帝官方名字中的固定头衔。

另辟蹊径，前往帕拉提努斯山上的阿波罗神庙，向他的保护神表示感谢。这一切都与在南部和东北部的作战计划形成了奇特的反差，这些作战计划在当时一定是经过讨论的。到了晚上，尼禄命人把那些展示他艺术实践的奖杯和雕像摆放到他的寝宫。在"凯旋游行"之后，还举办了一系列庆祝和演出活动。据说，皇帝为了让他在希腊的优胜获得更高的可信度，偶尔也会主动败下阵来。尼禄在罗马并没有待多久，尤其是在这样的颂扬之后，他显然不再对动乱有所忌惮。在这些庆祝活动后不久，他就回到那不勒斯，提升和修炼他的艺术技能去了。

第十一章　王朝的终结

公元 68 年，尼禄就已经做到，让在世的人里没有一个可以直接或间接地追溯到奥古斯都的血统。在经历了过去几年的种种事件之后，现在已没有人可以成为他的障碍了。如果说他因此而感到安全，那绝对不是没有可能的。塔西陀对尼禄统治末期的事件进行了详细的研究，他强调，尼禄的垮台与其说是政敌所致，倒不如说是因为自己的失误。

当西部起义的第一批报告传给在那不勒斯的尼禄时，据说正是他弑母的日子，也就是 3 月 20 日或 21 日。罗马人喜欢关注这种巧合。那些以为尼禄会惊慌失措的人被事实证明自己想错了。对此，他若无其事，显然没有受到惊扰，以至于有人认为，尼禄可能想借此契机，比以往更放肆地掠夺西部行省的财富。他饶有兴致地观看运动员比赛，时而还充当一下专业裁判员和教练员。不断有高卢地区（Gallien）的新消息传来，送信的使者都能感受到尼禄的愤怒。如果说，尼禄长达八天没有回复来自西部地区的紧急公函可信的话，那么很显然他生活在一种错觉里，以为过去几个月在东方受欢迎的程度已经使他的地位无可撼动。

尼禄的"艺术实践"呈现了越来越匪夷所思的形式。在统治的最后几周里，他最关切的问题是，为了将来的演出保护好自己的嗓子。为此，有些重要讲话，甚至向禁卫军发表演说或传达命令都交由他人代为处理。当亲自发言实在无法避免时，声乐老师就会站在他身边，以防他用嗓过度。

科尔布罗在前一年还没有抵抗就向命运投降了。当关于卢格敦高卢（Gallia Lugdunensis）地区的行省总督盖伊乌斯·尤利乌斯·文德克斯（Gaius Iulius Vindex）叛变的第一批报告传来时，尼禄首先把暴动视作惩罚性掠夺的绝佳契机，这几乎是可以理解的。文德克斯并不是罗马的贵族阶级，而是阿基坦地区（Aquitanien）凯尔特贵族的后裔。他发动叛变，是为了反抗尼禄利用苛捐杂税对高卢人进行盘剥。而之所以能以起义的名义聚集起大量的追随者，不仅仅是因为他作为罗马元老的地位，更重要的是他出身于阿基坦地区的旧统治阶级。如果说，后来的记述者偶尔把他说成是反抗罗马统治的凯尔特"民族主义者"，那么这肯定与他在铸币上呼吁把整个罗马世界从独裁者的统治下解放出来的主张是不相符的。但是，文德克斯这个人还不足以让莱茵河军团的指挥官们奋不顾身地参与造反——尽管到目前为止，尼禄都对叛乱之事放任不管。大多数得到这一消息的人，都殷勤地向罗马报告了此事。

西班牙的行省总督塞尔维乌斯·苏尔皮奇乌斯·伽尔巴（Servius Sulpicius Galba）是一位73岁的老人，拥有共和国时期的贵族血统。有些人事后会说，他把自己的野心掩藏得很好：在公元41年拒绝了阿格里皮娜的联姻意向；从公元 60 年起，就在西班牙的一个行省塔拉科（Hispania Tarraconensis）当上了行省总督，且为官清廉。他为了尽可能活得久些，总是小心行事；出行时，总会随行带着一车金币，以备不时之需。在公元 68 年的那些行省总督中，鉴于伽尔巴的出身，他是唯一一个真正让尼禄不得不有所忌惮的人。即使他与奥古斯都没有血缘关系，但值得注意的是，他受到过奥古斯都的妻子莉维娅的提携。他显然是为数不多的没有立即将西部动乱的消息报告给尼禄的人之一，这也就解释了为什么尼禄在 3 月或稍晚一些的时候下令杀死伽尔巴。

文德克斯不仅像对其他行省总督一样，向伽尔巴寻求过支持，而且由于他无可争议的名声，还想请他当起义领袖，以取代尼禄。伽尔巴在经历过一次企图夺取他性命的暗杀行动之后，才意识到尼禄已经想除掉他了，所以才同意这样做。西部地区另外两名官员——卢西塔尼亚的行省总督奥托和巴埃提卡（Hispania Baetica）的行省财务官奥路斯·凯奇纳·阿列安努斯（Aulus Caecina Alienus）——的支持使他变得更加积极，不过他还是有所保留。公元68年4月2日那次针对尼禄的反对声明仍旧执行得小心翼翼。在新迦太基市（Neukarthago）的集市上摆满了尼禄的受害者的画像。旁边还有一个被迫流放到巴利阿里群岛（Balearen）的年轻人，他哀叹着糟糕的现状，显然主要是依靠图像的无声语言来完成控诉。安排好的"英白拉多"的欢呼声没过多久就传来了，即便如此，伽尔巴也不愿意接受尼禄的继任者这个身份，他更愿意被称为"元老院和罗马人民的长官"。但与此同时的招兵买马，也让人明白，他是认真的。

八年来，伽尔巴对任何可能引起尼禄疑心的事情都避之不及。当公元68年5月上日耳曼（Obergermanien）行省总督维尔吉尼乌斯·卢弗斯（Verginius Rufus）在贝桑松［Besançon，拉丁名为维松提奥（Vesontio）］击败文德克斯军队的消息传来时，伽尔巴便一蹶不振。这场战役的一手历史记录不详。维尔吉尼乌斯可能并不是尼禄的拥趸，只不过他没有在第一时间就背叛尼禄。有许多迹象表明，维尔吉尼乌斯·卢弗斯当时还是忠诚于尼禄的。后来，当他在弗拉维（Flavier）王朝享有极高的声望之时，他出人意料地长期忠于尼禄的这件事儿，却仁慈地不再被人提起。

不过，在维松提奥发生的上日耳曼军团与文德克斯那支以凯尔特人为主的部队之间的战斗，也不一定基于维尔吉尼乌斯明确下达的作战指令，而可能是由于文德克斯的部队缺乏组织纪律性并渴望战利品，他们想展示自己比维尔吉尼乌斯率领的那支仍旧忠诚的部队更胜一筹的优越感。如果维尔吉尼乌斯与文德克斯确实商议过联手对付尼禄的话，那么他们无论如何也指望不上自己的部队。对于军团来说，比起他们的统领与高高在上的尼禄的战斗，战利品才是更重要的。

正当文德克斯战败后企图自尽时，维尔吉尼乌斯理智地拒绝了别人向他提议的"英白拉多"的头衔。可想而知，一个来自意大利北部的骑士出身的行省总督，成为最高权力候选人是不合适的。

伽尔巴因维松提奥战役的失利而深感绝

望，可见他认为尼禄的地位还是很稳固的。意大利北部由两名资深元老卢比里乌斯·伽路斯（Rubrius Gallus）和佩特罗尼乌斯·图尔皮里亚努斯镇守，他们在"皮索阴谋"中已经被证明是绝对可靠的。更多来自伊利里库姆（Illyricum）的部队已经接到了行军指令，而且他们没有叛变。

但凡尼禄有点勇气，比如立即前往意大利北部与部队会合并主动出击，那么可能一切就不一样了。但尼禄并未抓住机会，他还是一如既往地失败了，正如每当他陷入困境而身边没有像布鲁斯或塞内卡那样的谋士能臣一样。

尼禄在那不勒斯收到了文德克斯叛变的消息。整整一星期，他都试图对叛乱之事秘而不宣。不过，文德克斯知道如何在意大利和罗马的公众中制造影响。从西部地区传来了言辞犀利的传单，令尼禄的虚荣心备受打击：文德克斯，像那些元老院的批评家一样，称皇帝是个蹩脚的基塔拉琴手，并像之前的不列塔尼库斯一样，用他的原名"阿赫诺巴尔布斯"来称呼尼禄。①

嘲讽尼禄的艺术造诣，比任何会动摇他统治的军事威胁对他的打击都要大。在过去几个月内，尼禄一直拒绝与元老院进行严肃的会晤，而现在他带着受伤的自尊心写信给元老院，要求他们对侮辱皇帝的文德克斯治罪。他一次又一次地向身边人求证，文德克斯如此抹黑他的艺术天分，完全是毫无依据的胡说八道。

在关键的这几周里，尼禄越来越惶恐不安。这位31岁的皇帝茫然无措，在意志消沉与心存妄想之间来回摇摆。每当有什么好消息不期而至时，他勉强还能凑出一些讥讽起义领袖的诗

---

① 苏维托尼乌斯的《罗马十二帝王传》第6卷《尼禄传》第7章记载，"当他被过继之后，就因为自己的兄弟不列塔尼库斯在向他问候时照旧把他当作阿赫诺巴尔布斯，他便企图在父亲面前证明不列塔尼库斯是非婚生子"。文中注释对此做了说明："不列塔尼库斯似乎不承认克劳狄收尼禄为养子。"塔西陀《编年史》第12卷第41章记载，尼禄和不列塔尼库斯还是孩子的时候有一次会面，尼禄在打招呼时称不列塔尼库斯的名字，但对方却称他为"多米提乌斯"。阿格里皮娜对此感到恼火，并向克劳狄乌斯抱怨，把这件事说成是尼禄和不列塔尼库斯不和的最初象征，因为在尼禄被克劳狄乌斯过继为子之后，便不应再被称为路奇乌斯·多米提乌斯·阿赫诺巴尔布斯，而应被称为提贝里乌斯·克劳狄乌斯·尼禄·恺撒。

句，并伴以猥琐的手势。当时已经没人愿意给他提供中肯的建议了，史书也只是提了一笔，在这危难时刻，只有他的乳母安慰过他，最后也是她们埋葬了尼禄。作为两位禁卫军长官之一的尼姆皮迪乌斯·萨比努斯，在这几周里及时地背叛了尼禄。过去几年里尼禄的恶棍走狗提格里努斯由于生病不在他身边，而精力充沛的波培娅也已经死了。就连皇帝在绝望中转而求助的伊特鲁里亚（Etrurien）内脏占卜之术，也没能提供安抚人心的消息。

朝中凡是看过文德克斯传单的人，都不得不承认，在这场危机中，皇帝确实表现的像个一无是处的基塔拉琴手，而不像一名当之无愧的最高权位者。那些位高权重且保持忠诚的元老们会被召集起来出谋划策，但在短暂的讨论之后，他们不得不开始听皇帝讲解一台新式水力管风琴的用法。大概就在这几天，尼禄公开发誓：在战胜敌人之后，他不仅要像以往一样以基塔拉琴手的身份登台演出，而且要表演水力管风琴、长笛和风笛，最后还要登台献舞——在公开场合跳舞和表演哑剧，这是两个在社会上最被人瞧不上的艺术门类。最起码从他流传下来的那句名言①中可以看出，他认为如果一切都失败了，他至少还能以艺术为生。

也许就连这样的言论也不过是为了展现他并不把文德克斯的叛乱放在眼里。但伽尔巴叛变的消息，最迟在4月中旬就传到了罗马，这就表明，局势确实已经失去了控制。伽尔巴是个像模像样的竞争对手，尽管他年事已高，或者正是因为他年高德劭。在多年前，尼禄为了自己与波培娅的爱情不再受到干扰而把他的老朋友奥托派往了卢西塔尼亚。此时，奥托已经盼望着自己能被这位准备接替尼禄且膝下无子的老先生过继为子了。

最后几周的消息让人应接不暇，其可信度也大大降低。意大利北部还存在一些忠于尼禄的部队，而更多的部队正行军前往那里。据说，尼禄最后还是决定出征、迎击叛军，但苏

---

① 根据苏维托尼乌斯《罗马十二帝王传》第6卷《尼禄传》第40章的一条注释："狄奥·卡西乌斯（63，27）说，当尼禄打算杀死元老，烧毁罗马，乘船去亚历山大里亚时说道：'即使我们被赶出帝国，我们的人的这种小小的艺术也会在那里养活我们的。'"

维托尼乌斯对此的记述读起来更像是想象的产物。难道尼禄真的只关心他的音乐设备、宫中女眷的出行方式和亚马孙族女战士军团的天然装束吗？

看上去更现实的消息似乎是，在最后的这几天里，就连罗马城都下令征兵了。在过去，这无一例外地说明已经到了最危急的时刻。显然，当时的形势已经糟糕透了，以至于没有一个应征的新兵是合格的。于是，达到一定标准的奴隶也都进行了服役体格检查，说明灾祸已迫在眉睫。以下这条消息大概也是真实的，那就是尼禄下令征收一项税款，并规定用金币和银币缴纳税金，还附加了只许用新铸钱币缴纳的额外要求。旧钱币和新钱币的价值基本上是一样的——难道这位艺术家只想看到"漂亮的"钱币？

越来越多的人弃皇帝而去。从他身边两位禁卫军长官的行为就可以明显看出他当时是多么孤立无援。没有任何关于奥弗尼乌斯·提格里努斯的消息流传下来，据推测，他可能是生病了。而对于尼姆皮迪乌斯·萨比努斯，可以肯定的是，他在这几周里只想着自己的前途。他近距离地观察了尼禄糟糕的领导力，并见风使舵地采取了行动。公元41年，克劳狄乌斯先是被禁卫军拥为皇帝，而后才得到元老院的认可。这就说明，娴熟地使用皇家禁卫军的力量在争夺权力的过程中可以发挥什么样的作用。

尼禄在位的最后几周里，还在为一个非常特殊的表演节目做准备：将以驯兽师的形象出场，扮演赫拉克勒斯的角色。早就备好了一只被驯服的动物，它不会对皇帝企图掐死它做出抵抗。而尼禄真正的对手的表现却不一样。文德克斯自杀和维尔吉尼乌斯克制谨慎的消息，可能从来没有传到尼禄的耳朵里，因为公元68年6月初的时候，他就不指望能保住帝位了。6月9日，元老院宣布伽尔巴为皇帝，并判处尼禄死刑。

当时罗马的军事大权掌握在尼姆皮迪乌斯·萨比努斯的手里。他就皇家禁卫军的忠诚问题与元老院进行了谈判，同时声明自己的同僚提格里努斯是过去几年来尼禄放肆行为的罪魁祸首，并将一些特别可恨的宫廷被释奴绳之以法。尼姆皮迪乌斯本人可能还没有完全相信伽尔巴已成功即位，因为在 6 月的那些日子里，他还在暗示自己是卡里古拉的私生子。

就在尼禄徒劳地请求军队护送他逃跑的那天晚上，尼姆皮迪乌斯在禁卫军军营里宣布了所谓的皇帝逃跑计划。元老们在禁卫军长官的陪同下出现，这让那些即便是最犹豫不决的军官都明白了，皇帝现在大势已去。对有些士兵来说，如果过去几周里尼禄的彻底失败还不足以让他们忘却对皇帝以及皇室家族效忠的誓言的话，那么尼姆皮迪乌斯以新皇帝伽尔巴的名义允诺的巨额赏金——十倍的军饷（尼禄即位时才给了一半），便会让改换门庭变得不再那么难以容忍。

苏维托尼乌斯对尼禄最后时刻的记述可谓详尽至极，但却无法一一得到核实。然而，这位极其谨慎的传记作者，似乎对自己掌握的资料来源的可靠性丝毫没有怀疑。

就在尼姆皮迪乌斯进入禁卫军军营以及部队叛变的新消息传来的那天晚上，尼禄终于决定逃跑。也许他想过向伽尔巴求饶，又或许他想过逃到帕提亚人那里去。宫中的房间已空空如也，只有几个被释奴和忠诚的洛库斯塔和他在一起。他从洛库斯塔那儿得到了一个装满毒药的匣子，以备不时之需。人们越来越不情愿执行他的命令。据说，甚至有人对他喊道："死有那么难吗？"后来，人们找到了一份演讲稿，看来尼禄原本打算对罗马民众发表演讲：他乞求人们饶恕他过去的罪行，把埃及行政区留给他——都死到临头了，还想着去亚历山大城。由于担心在去广场的路上被打死，他犹豫不决，遂把演讲推迟到第二天。

午夜时分，尼禄被告知，执勤的禁卫军部队已经离开了皇宫——至少禁卫军里找不到人去执行死刑。现在，尼禄几乎是独自一人待在宫殿里，他徒劳地敲遍了那些之前觉得有幸住在皇帝身边的人的房门。当他回到自己的房间时，内侍们也已经逃之夭夭，还把珍贵的毯子甚至洛库斯塔的毒药匣都带走了，而宫中那些专门执行这类特殊任务的角斗士们也都不见踪影。就连尼禄愿意死在他手里的值得信赖的贴身侍卫斯皮库鲁斯（Spiculus）——这个曾经的角斗士，也不在了。据说，尼禄感叹道："难道我既没有朋友，也没有敌人吗？"

只有为数不多的几个人没有抛弃他。被释奴法昂（Phaon）在过去的几年里掌管着帝国的财政，还在自己位于罗马附近的别墅里给尼禄提供了一个藏身之处。尼禄在 4 名仆从的陪同下出发了，其中就包括斯波洛斯。当这群人穿过街道的时候，各种声音不绝于耳："他们在追捕尼禄！""城里有什么关于尼禄的新消息吗？"当尼禄的马受到惊吓，在骚乱中显露面目时，一名禁卫军老兵认出了他，并向前施礼问候。

尼禄好不容易抵达了别墅。为了避人耳目，法昂先给他安排了一个位于地下的藏身之处。但尼禄拒绝了，他不想在还活着的时候就到地下去。给他的发霉的面包，他没有接受，但为了解渴，倒是喝了水坑里的水，还快快不乐地将其比作他在宫中爱喝的一种用雪冷却的奢侈饮品。

在渺然无望的情形下，以一种体面的方式防止被刽子手处决是罗马精英身为贵族的自觉。在过去几年里，尼禄的许多受害者都通过自我了结的方式彰显自己的高贵。谁都知道塞内卡、特拉塞亚·帕埃图斯和佩特罗尼乌斯是怎么死的。而那些在生前标榜严肃原则却在面临死亡时失魂落魄、仪态尽失的人，也同样会被记住，就比如"皮索阴谋"的一些参与者，特别是卡尔普尔尼乌斯·皮索。

尼禄那些最后的忠仆知道，现在对于尼禄来说，没有比自杀更好的选择了，只有自杀才能避免颜面尽失的耻辱结局。这时，一个埋葬的洞坑很快就挖了出来，甚至比他母亲的坟墓还要凄惨得多。等到坑挖完了，只能听到尼禄的啜泣声。据说，就在此时，尼禄说了那句传说中的名言——如果是真的话，它完全印证了尼禄统治的最后几年里的自我认知："一个多么伟大的艺术家就要死了！（Qualis artifex pereo！）"

这时，法昂的信使送来了消息，说元老院宣布尼禄为国家公敌，并将"按照祖先的习俗"处死他——将被鞭打致死。即便是如此残忍的死刑执行方式，也不足以坚定尼禄自尽的决心。他再三犹豫，不知道要用两把匕首中的哪一把来结束生命。他更愿意想象斯波洛斯的哀号和痛哭——实际上，他已经把葬礼上的女性角色分配给了斯波洛斯。只有当禁卫军骑兵临近的声音传来时，尼禄才知道，自己已经无路可走。在被释奴大臣埃帕弗洛狄托斯（Epaphroditos）的帮助之下，尼禄握住匕首并刺进了自己的咽喉。

一名禁卫军士兵遇到了奄奄一息的尼禄，但没有勇气承认自己奉命前来抓捕他这位曾经的主人，反而装出想要照料尼禄的样子。"这才是忠诚"，这应该是尼禄说的最后一句话。

没有人当真觉得，尼禄会让自己被捕。伽尔巴的被释奴伊凯鲁斯（Icelus）在伽尔巴宣布叛变之初被捕入狱，现已重获自由。他获准以其主人的名义做出一些重要的决定。他下令：不要再玷污尼禄的尸体；安葬尼禄无须大费周章，但要体面。这并不是什么感情用事的决定。众所周知，尼禄在罗马城的民众中仍有拥护者。

作为"国家公敌"，尼禄不能被葬在奥古斯都的陵墓里，火化后，他的骨灰瓮被带到了多米提乌斯氏族（Domitii）的墓地——而在这方面，不列塔尼库斯倒是得到了公正的待遇。安葬尼禄，终究还是花费了20万塞斯特尔提乌斯铜币，费用由阿珂特以及他的乳母埃克洛格（Ecloge）和亚历山德里娅（Alexandria）承担。十多年后，阿珂特才再次被人们提起。尼禄火化后剩下的遗骸被放入了一个紫红色的大理石石棺。仅仅过了几个星期，尼禄的墓前就放上了鲜花，对他的缅怀在政治上又变得合乎时宜起来。

第十二章 "你往何处去?"——尼禄"死后"

关于尼禄的最后时刻,流传着许多互相矛盾的说法。很快就有谣言传出来,说尼禄根本没有死,而是正准备回归罗马——这一次是真正的军事上的凯旋。显然,有团体在有意散布此类谣言。罗马城内的暴民们对尼禄的出手阔绰、慷慨豪爽很是怀念,对此伽尔巴一点儿都不感到疑惑和惊讶。上文已经提及,奥托和维提里乌斯竭力在公众面前展示他们对前任皇帝的追思,也侧面印证了这一点。

伽尔巴统治期间,在小亚细亚(Kleinasien)引起骚乱的第一个"假尼禄"来自真尼禄用他的接济和施与讨好的下层阶级。这个男人来历不明，可能是来自意大利的一个被释奴。他与尼禄有相似之处，据称留有艺术家的发式，也并非没有歌手和音乐家的才华。他的追随者主要由逃亡的奴隶组成，而他们在奴隶主中散布着可以想象的恐惧情绪。有足够多的人认为，尼禄是完全有可能逃出意大利的。这个冒牌尼禄被抓获处死后，为了打消人们对尼禄"卷土重来"的疑虑，他的尸首在运往意大利途中，以及在小亚细亚的城市里被示众。

如果说在国都罗马或意大利，对尼禄回归的渴望大概只限于旧政权的获利者以及一些头脑简单的剧院和竞技场观众，那么在帝国东部的情况就不一样了。尼禄死后，在那里仍然受到人民真正的爱戴。这在某种程度上是因为奥古斯都及其继任者对"西方"的偏爱，光是奥古斯都的方针与马克·安东尼（Marcus Antonius）所强调的"亲希腊"政策相去甚远这一点，就足以激起希腊上层阶级由来已久的反感。从来没有一个罗马统治者像尼禄那样热情地奉承过希腊人，他们中的许多人耽于怀念过去伟大的政治和文化多过眼前的现实。尼禄希腊之行的荒谬与尴尬，最终由于所谓的"解放希腊"政策而被容忍。它在集体记忆中似乎显得更加引人注目，因为韦斯帕芗一有机会就把它收了回去。普鲁塔克和保萨尼亚斯等受过上等教育的人，也援引了尼禄对希腊的恩惠，作为他种种罪行之外的另一面。从这个角度来看，尼禄陆续推行的那些东方政策尽管常常让人摸不着头脑，但还是会带来不少好处。

从帕提亚人对待尼禄的行为中也可以看出现代人的判断与尼禄同时代人的看法存在差异。帕提亚人完全没有把亚美尼亚战役的结果看成是罗马帝国衰弱的标志，他们对自身取得的成果感到满意，并认为尼禄开创了平局政治的先河。据说，国王沃洛伽西斯还要求缅怀死去的皇帝，提里达特斯也对自己的罗马之行赞不绝口。可以说，这些帕提亚国王对尼禄及其推行的政策多少有些感情用事的倾向。这一点也可以从另一个"假尼禄"的消息中得到证实，这位尼禄"卷土重来"的计划中还包括来自帕提亚人的支持。

这位本来名不见经传的特伦提乌斯·玛克

193

第 十 二 章 "你 往 何 处 去 ？" —— 尼 禄 "死 后 ："

西姆斯（Terentius Maximus）就像公元 69 年的"假尼禄"一样，由于具有一定的艺术才能和外表的相像，当起冒牌货来容易了许多——更何况，在尼禄消失十年之后，以假乱真更是没那么难了。他在小亚细亚地区颇受欢迎，这显然是不容忽视的。特伦提乌斯·玛克西姆斯试图利用帕提亚人阿尔达班（Artabanos）[①]与提图斯[②]之间的冲突来推进他的计划——尽管在短时间内取得了成功，但后来他还是被引渡到罗马。

　　冒名顶替事件并没有削弱这位"亲希腊"的皇帝在东方广受欢迎的程度。在尼禄死后的头几十年里，总会有不满现状的人说起皇帝的回归，只要从尼禄的生平来看还算合理的话——尼禄"消失"的时候才不过 32 岁。"毕竟就他的其余臣民而言，没有什么可以阻止尼

[①]　阿尔达班三世（Artabanos III）作为沃洛伽西斯一世的儿子，是帕提亚帝国的一名篡位者，在公元 80 年前后发动了反对合法统治者帕科鲁斯二世（Pakoros II）的叛乱。他短暂地统治过帕提亚帝国，但具体的统治时间不详，从铸币来推测，至少要到公元 81 年。

[②]　提图斯（Titus）作为韦斯帕芗的儿子，是弗拉维王朝的第二位罗马皇帝，其在位时间为公元 79~81 年。

图 9　皮特·乌斯蒂诺夫饰演的尼禄,《你往何处去》(1951)
剧照

禄永远统治下去。因为即使在今天,每个人都
希望尼禄还活着。大多数人甚至相信他还活着,
尽管他已经死了。在某种意义上,他不只死了
一次,而是死了很多次,同那些坚信他还活着
的人一起一次次死去。”普鲁萨的迪翁(Dion

von Prusa）① 在世纪之交的一篇演讲稿中如此写道（《演说集》第21章第10节）。

犹太人也对尼禄的"回归"很感兴趣，原因略有不同：不是为了恢复昔日的荣光，恰恰相反，是为了报复韦斯帕芗和提图斯，因为他们破坏了犹太人的社区。在犹太人的一个预言里，特伦提乌斯·玛克西姆斯成了那个从帕提亚出发、渡过幼发拉底河，最后用武装力量惩罚罗马的人。

基督教关于尼禄"归来"的设想则出于其他目的。尽管尼禄作为基督徒迫害者的这种流行说法出现得很晚，但他在基督徒群体中的形象可能与他在犹太人中的形象很相似。最迟在公元1世纪末开始广泛流传的说法，将使徒彼得和保罗殉道的故事与尼禄的迫害联系在了一起，这必然持久地固化了这种形象。也许《启示录》（13：1）中的怪物形象是一种对尼禄

---

① 普鲁萨的迪翁，又称迪翁·克里索斯托莫斯（Dion Chrysostomos），出生于小亚细亚的普鲁萨，是公元1世纪的一名古希腊演说家、作家和哲学家。他有80篇演讲稿流传于世，Chrysostomos在希腊语中是"金口"的意思。

的想象：他将归来，毁灭罗马。对于古典时代晚期的基督教作者来说，尼禄这个纵火犯和迫害基督徒的人成了反基督的化身，他终有一天会迎来最后的审判。尽管如此，尼禄在罗马城中的人气也没有完全消散。在所谓的框纹章（Kontorniaten），即一种奖章形式的大铜币上，除了图拉真这类当之无愧的功勋卓著的统治者之外，竟然还出现了尼禄。环形竞技赛会是民众回忆的焦点，这应该会唤起人们对尼禄统治时期的记忆，或许是为了刻意反对公元4、5世纪的基督徒统治者。

在历史爱好者的圈子之外，人们对尼禄的记忆在中世纪之后的近代时期也被简化为他对罗马的纵火以及在迫害基督徒的历史中所扮演的角色。对尼禄20世纪的形象起决定性作用的是图书史上最伟大的畅销书之一——波兰作家亨利克·冼克威奇（Henryk Sienkiewicz）的小说《你往何处去》（Quo Vadis），这部小说首次出版于1896年，1905年他凭借这部小说获得了诺贝尔文学奖。这本书完全是将尼禄作为基督徒迫害者来刻画他的。此外，尼禄在书中绝不是那个时代的"主角"，而是一个自不量力的半吊子艺术爱好者。1951 年改编自小说的电影又进一步强化了尼禄的这种文学形象。今天，那些对尼禄的故事感兴趣的人并不会对皮特·乌斯蒂诺夫（Peter Ustinov）弹奏基塔拉琴的画面毫无印象。

计算机行业的市场营销专家也不例外。有一款用于"刻录"（burn）光盘的软件就起了个富含传统意味的名字——NERO BURNING ROM①。

①　此处一语双关：burning 最常见的意思是"燃烧"，在计算机软件语境下是"刻录、烧录"的意思；ROM，既可指代"罗马"，又可指代"CD-ROM"这种光盘格式。

家族谱系

尼禄及其家族（部分成员）

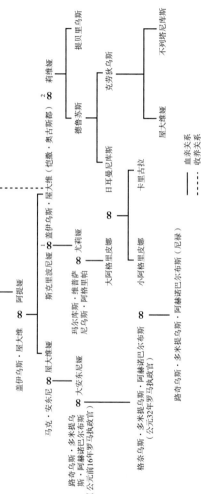

37 年	12 月 15 日，尼禄出生于安提乌姆，是格奈乌斯·多米提乌斯·阿赫诺巴尔布斯和尤莉娅·阿格里皮娜（时年 23 岁）的儿子。直到公元 50 年，尼禄的正式名字都是路奇乌斯·多米提乌斯·阿赫诺巴尔布斯。
37~41 年	卡里古拉统治时期。
41~54 年	克劳狄乌斯统治时期。
49 年	克劳狄乌斯与自己的侄女阿格里皮娜结婚。塞内卡成为尼禄的侍讲。尼禄首次公开亮相，并与克劳狄乌斯的女儿、约 10 岁的屋大维娅订婚。
50 年 2 月 25 日	尼禄被克劳狄乌斯过继为子。

51 年	尼禄早于惯例，提前一年成年，在元老院发表演说。
53 年	尼禄与屋大维娅结婚。帕提亚人入侵亚美尼亚。
54 年	10 月 13 日，克劳狄乌斯驾崩，尼禄即位。布鲁斯和塞内卡成为尼禄的顾问。尼禄发表"执政宣言"，反响良好。阿格里皮娜派人杀害了作为竞争对手的尤尼乌斯·西拉努斯。帕提亚人占领了亚美尼亚。科尔布罗被任命为东部地区最高指挥官。
55 年	帕拉斯被罢免。不列塔尼库斯暴毙。塞内卡发表了《论仁慈》。阿格里皮娜失势。尼禄爱上被释奴阿珂特。
56 年	尼禄夜间在罗马胡作非为。元老院就下层阶级问题展开辩论，这被视为阶级流动更加自由的标志。
57 年	一座圆形竞技场开始兴建。罗马

人民被施与慷慨的现金馈赠。

58 年　　　尼禄接济落魄元老。科尔布罗在出战前整肃军纪，并征服了亚美尼亚的阿尔塔克沙塔。尼禄被授予荣誉头衔，但拒绝了终身执政官的提议。塞内卡遭受抨击。波培娅·萨比娜成为尼禄的情人。特拉塞亚·帕埃图斯在元老院发声。

59 年　　　阿格里皮娜被杀。在青年游艺会上，尼禄第一次以基塔拉琴歌手和战车手的身份半公开登台亮相。科尔布罗征服了亚美尼亚的提格拉诺凯尔塔（Tigranocerta）。

60 年　　　科尔布罗协助提格拉尼斯登上亚美尼亚王位。"尼禄尼亚赛会"设立。作为潜在竞争对手的鲁贝里乌斯·普劳图斯被流放。

61 年　　　布狄卡在不列颠发动起义。

62 年　　　"大逆罪"律法被再次启用。布鲁斯去世。法埃尼乌斯·卢弗斯和奥弗尼乌斯·提格里努斯共掌禁卫军。塞内卡退隐。竞争对手科尔奈里乌斯·苏拉（Cornelius Sulla）在马西利亚（Massilia）被处死，鲁贝里乌斯·普劳图斯在小亚细亚被处死。尼禄与屋大维娅离婚；没过多久，屋大维娅于6月9日被处死。尼禄与波培娅·萨比娜结婚。禁卫军长官奥弗尼乌斯·提格里努斯对尼禄的影响力与日俱增。提格拉尼斯被驱逐之后，罗马与帕提亚人展开新的斗争。

63年　尼禄的女儿克劳迪娅·奥古斯塔出生，几个月后夭折。

64年　在那不勒斯，尼禄第一次以基塔拉琴歌手的身份公开登台亮相。一场计划好的希腊之行被临时取消。7月18~19日，罗马发生大火。基督徒作为所谓的纵火犯被处决。罗马城得到重建，尼禄的新宫殿建筑群"黄金屋"开始兴建。

65 年　"皮索阴谋"。塞内卡死于尼禄之命。尼姆皮迪乌斯·萨比努斯成为第二位禁卫军长官。波培娅去世。

66 年　特拉塞亚·帕埃图斯受到审判并死去。尼禄与斯塔提丽娅·梅萨莉娜结婚。亚美尼亚国王提里达特斯在罗马宣誓效忠尼禄，并从他手中接受了王冠。犹太起义爆发。9 月，希腊之旅启程。

67 年　尼禄参加希腊的竞技赛会，并获得了 1808 个奖项。地峡运河项目破土动工。科尔布罗在科林斯自尽。韦斯帕芗被派往犹太地区。11 月 28 日，尼禄免去希腊的税负，并赋予其自治权。据推测，尼禄计划在格鲁吉亚和埃塞俄比亚发动战役。

68 年　尼禄提前返回意大利。3 月 20 日，尼禄在那不勒斯接到盖伊乌斯·尤利乌斯·文德克斯在高卢叛变的第一批报告。4月2日，伽尔巴在西班牙被他的军队高呼为"英白拉多"。5月，传出维尔吉尼乌斯·卢弗斯击败文德克斯的消息。6月9日，元老院宣布伽尔巴为皇帝。6月9日或之后不久，尼禄薨。

图片来源

贝克出版社向以下图片提供者致谢：

图 1：Bildarchiv Foto Marburg；

图 2、图 7：Deutsches Archäologisches Institut, Rom（Anger，Neg. D-DAI-Rom 90VAT.712；Böhringer，D-DAI-ROM 57.641）；

图 3、图 5、图 6：Hirmer Fotoarchiv, München；

图 4：Bildarchiv Preußischer Kulturbesitz, Berlin；

图 9：Interfoto，München；

图 8：Stefan von der Lah；

家族谱系：Thomas Göthel。

参考文献

L. F. Ball, The Domus Aurea and the Roman Architectural Revolution, Cambridge, 2003.

A. A. Barrett, Agrippina. Mother of Nero, London 1996.

A. Boethius, The Golden House of Nero, Ann Arbor, 1960.

P. A. Brunt, The Revolt of Vindex and the Fall of Nero, Latomus 18, 1959, 531–559.

E. Champlin, Nero. Cambridge Mass., 2003.

W. Eck, Agrippina, die Stadtgründerin Kölns, Köln, 1993.

–, Augustus und seine Zeit, München, ⁵2009.

St. Elbern, Nero. Kaiser, Künstler, Antichrist, Mainz, 2010.

J. Elsner & J. Masters (Eds.), Reflections of Nero. Culture, History & Representation, London, 1994.

E. Flaig, Wie Kaiser Nero die Akzeptanz bei der Plebs urbana verlor, Historia 52, 2003, 351–372.

M. Grant, Nero, London, 1970.

M. Griffin, Nero. The End of a Dynasty, London, 1984.

–, Seneca. A Philosopher in Politics, Oxford, 1976.

M. Heil, Die orientalische Außenpolitik des Kaisers Nero, München, 1997.

M. Meier, „Qualis artifex pereo" – Neros letzte Reise, Historische Zeitschrift 286, 2008, 561–603.

O. Murray, The »quinquennium Neronis« and the Stoics, Historia 14, 1965, 41–61.

Chr. Reitz, Literatur im Zeitalter Neros. Darmstadt, 2006.

R. Rilinger, Seneca und Nero. Konzepte zur Legitimation kaiserlicher Herrschaft, Klio 78, 1996, 130–157.

V. Rudich, Political Dissidence under Nero. The Price of Dissimulation, London, 1993.

Chr. Schubert, Studien zum Nerobild in der lateinischen Dichtung der Antike, Stuttgart & Leipzig, 1998.

D. Shotter, Nero Caesar Augustus. Emperor of Rome, Harlow, 2008.

M. A. Tomei & R. Rea (Eds.), Nerone. Mostra. 12 aprile–18 settembre 2011. Mailand, 2011.

G. Waldherr, Nero. Eine Biografie, Regensburg, 2005.

G. Walter, Nero. Aus dem Französischen übersetzt von Werner Krauss, Zürich & Freiburg, 1956.

B. H. Warmington, Nero. Reality and Legend, London, 1969.

Th. Wiedemann, The Julio-Claudian Emperors, Bristol, 1989.

以尼禄及其时代为题材的文学作品中有两部尤其值得关注：一部是亨利克·冼克威奇的小说《你往何处去》，出版于1896年；另一部是利翁·福伊希特万格（Lion Feuchtwanger）创作的《假尼禄》（Der falsche Nero: Roman），于1936年在阿姆斯特丹首次出版（1994年由柏林 Aufbau-Verlag 出版最新版本）。

（此部分页码为德文版页码，即本书页边码。）

尼

禄

作者简介

于尔根·马利茨（Jürgen Malitz）是艾希施泰特天主教大学（Katholische Universität Eichstätt）的荣誉退休教授，已出版《波塞多尼奥斯的历史》（*Die Historien des Poseidonios*, 1984）等研究报告和学术著作。由他负责开发的书目数据库"晷针在线"（www.gnomon-online.de）是贝克出版社旗下服务于整个古典学研究领域的评论性期刊《晷针》（*Gnomon. Kritische Zeitschrift für die gesamte klassische Altertumswissenschaft*）的合作伙伴。此外，他还是"艾希施泰特钱币图像数据库"（Numismatische Bilddatenbank Eichstätt）的主编。

译者简介

王洁辰，复旦大学经济学本科，现于哥廷根大学学习哲学与艺术史。

图书在版编目（CIP）数据

尼禄 / （德）于尔根·马利茨著；王洁辰译. -- 北京：社会科学文献出版社，2021.6
（生而为王：全13册）
ISBN 978-7-5201-8346-8

Ⅰ. ①尼… Ⅱ. ①于… ②王… Ⅲ. ①尼禄(Nero Claudius Caesar Augustus Germanicus 37-68) - 传记 Ⅳ. ①K835.467=2

中国版本图书馆CIP数据核字（2021）第092705号

生而为王：全13册

尼　禄

著　　者 / 〔德〕于尔根·马利茨
译　　者 / 王洁辰

出 版 人 / 王利民
组稿编辑 / 段其刚
责任编辑 / 周方茹
文稿编辑 / 韩宜儒　陈嘉瑜

出　　版 / 社会科学文献出版社·联合出版中心（010）59367151
　　　　　　地址：北京市北三环中路甲29号院华龙大厦　邮编：100029
　　　　　　网址：www.ssap.com.cn
发　　行 / 市场营销中心（010）59367081　59367083
印　　装 / 北京盛通印刷股份有限公司

规　　格 / 开　本：889mm×1194mm 1/32
　　　　　　本册印张：6.75　本册字数：95千字
版　　次 / 2021年6月第1版　2021年6月第1次印刷
书　　号 / ISBN 978-7-5201-8346-8
著作权合同
登 记 号 / 图字01-2019-9608号
定　　价 / 498.00元（全13册）